いますぐ知りたい

子ども

お金のしくみ

MICRO MAGAZINE

はじめに

みなさんは、お金についてよく考えたことがありますか？　お金はわたしたちの日常生活に欠かせない存在です。しかし、かしこくお金と付き合うことはむずかしいと感じている人も多いでしょう。ほしいものをがまんしたり、おこづかいの使い道になやんだりすることもあるかもしれません。

そこで、この本ではお金について楽しく学べる内容を用意しました。お金のかしこい使い方、将来に向けてお金を増やす方法、大切なお金の守り方など、イラストとともに解説しています。ちょっとむずかしいお話もあるかもしれませんが、この本を読み進めることで、きっとみなさんのお金に対する考え方がかわるはずです。

さあ、いっしょにお金のしくみをのぞいてみましょう！

盛永裕介

お金は人生を豊かにも不幸にもします。正しいお金のかせぎ方・使い方・貯め方を学ぶことが、自分の人生の幸せを守る一番の近道です。わたしは、祖母が投資で損をし、悲しむ顔を見て、「お金で失敗する人、悲しむ人を見たくない」と思い、証券会社に入社しました。そして、今は子どもたちに金融教育を行っています。

この本では、読者のみなさんが大きくなったとき、わたしの祖母のような失敗をくり返さないよう、子どものときから知っておきたいお金についての情報を、基礎から実践まではば広い視点から提供しています。

この一冊がみなさんのこれからの長い人生のお金のバイブルになればうれしいです。

吉田友哉

お金をさがせ！
BUS
買いもの以外でもお金は使われている!?
どんなところでお金は動いているのかな？
くらしの中にあるお金マークを見つけるんだ！

STATION
P
IC
くらしとお金は切っても切れない関係。一生つきあっていくお金とうまくいくように、お金とのつきあい方を学ぼう！

もくじ

この本の登場人物

小学4年生。ゲームが好き。「お金持ちになりたいなあ」とぼんやり思っている

マネ

お金について教えてくれる先生。趣味は、サイクリング、野球観戦、メルカリ。生ガキや生ズワイガニが好物

盛永先生

お金について教えてくれる先生。趣味は、サッカー、社交ダンス、ゴルフ、サウナ。カレーライスとしょうが焼きが好物

吉田先生

ちょっと心配性。お酒を飲むと陽気になって、おこづかいをくれる

マネのお父さん

おしゃべり好き。ママ友の投資話を聞き、投資が気になっている

マネのお母さん

第　章

お金を増やす

1億円って今からがんばれば手に入る？

銀行に預けたらどのくらい増える？

投資って子どもにもできるのかな？

1億円を手に入れたい！

1年に100万円貯めても100年かかる……

手に入れたお金をただ貯めていくだけでは、1年に100万円ずつ貯めても、1億円貯まるまでに100年かかります。100年後では、1億円を使って遊ぶ元気があるかわかりませんね。

確実に、そして元気なうちに1億円を手に入れたいのなら、上手にお金を貯めなければなりません。そのためには、①貯めていくお金を増やす方法、②貯めたお金を増やす方法を知り、実行することが重要です。

お金を増やす方法は４つ

うまくお金を増やすことができたら、１億円を手に入れるまでの時間を短くすることができます。まずは、①貯めていくお金を増やす方法と②貯めたお金を増やす方法にはどんなものがあるか知りましょう。

１ 貯めていくお金を増やす方法

もらう

だれかにお金をもらう方法。おこづかいやお年玉などがある。

かせぐ

働いてお金をもらう方法。仕事をしてもらう給料などがある。

借りる

だれかにお金を借りる方法。おこづかいの前借りや、銀行ローンなどがある。

借金も、自分のお金が増えたことにはなるんだ。ただし、そのお金は返さなければならないよ

２ 貯めたお金を増やす方法

預ける、投資する

だれか、またはどこかにお金を預けたり、投資をしたりして増やす方法。

1億円までの道のり

1億円を貯めるための方法を考えてみましょう。6歳から貯めはじめるとして、40代で達成する方法と、50代で達成する方法の2パターンを考えてみました。ここではお金に働いてもらう「投資」（→32ページ）で増やしていく方法を紹介します。こうした、将来のためにお金を貯めて増やし、資産を築いていくことを「資産形成」といいます。

働くまでは月3,000円を貯める

仕事をするまでは、おこづかいやお年玉から貯めていきましょう。1か月につき3,000円ずつ投資していきます。

6歳から22歳まで1か月3,000円を投資

＊S&P500※1（20年平均利回り※2 8.26%）に投資した場合
＊税引き前

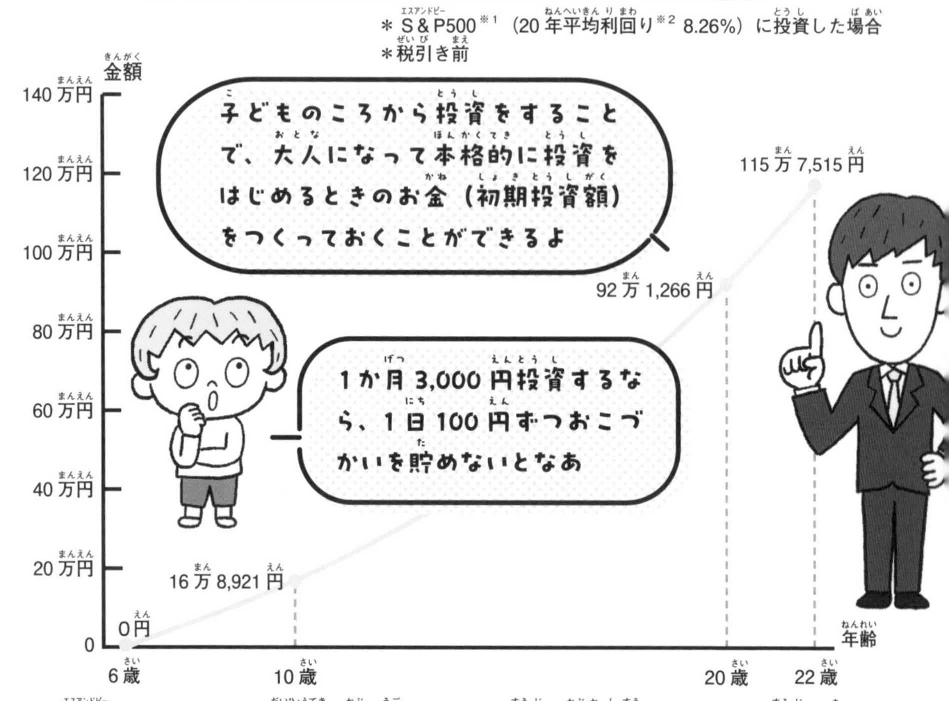

※1 S&P500とはアメリカの代表的な株の動きをあらわす数字（株価指数）の1つ。この数字に合わせて動くことを目指した投資商品がある。

働き出したらかせいだお金に合わせて貯めるお金をアップ！

仕事をし、お金をかせげるようになったら、投資の金額を増やしましょう。何歳までに１億円にしたいかで投資金額がかわります。

がんばって40代で１億円達成パターン

- 22歳から24歳：毎月積み立て額５万円
- 25歳から48歳：毎月積み立て額10万円

しっかり手がたく50代で１億円達成パターン

- 22歳から25歳：毎月積み立て額３万円
- 25歳から30歳：毎月積み立て額４万円
- 30歳から55歳：毎月積み立て額５万円

投資額アップ！40代、50代で１億円に到達するまで

＊S＆P500（20年平均利回り　8.26%）に投資した場合
＊税引き前

金額
1億2,000万円
1億円
8,000万円
6,000万円
4,000万円
2,000万円
0

40代で１億円達成パターン
50代で１億円達成パターン

48歳で達成！
1億12万7,548円

55歳と4か月で達成！
1億46万8,919円

115万7,515円
349万4,336円
1,253万7,002円
4,598万1,898円
6,319万6,049円
268万4,078円
692万7,723円
2,444万8,796円

かかった期間は49年と4か月

年齢
22歳　25歳　30歳　40歳　48歳　50歳　55歳4ヶ月

※２　利回りとは、投資でお金がどれくらい増えるかをあらわす言葉。パーセント（%）であらわされる。平均利回り8.26%は、100万円が１年間で108万2,600円になる。利回りの数字が大きくなるほどリスクが高くなるといわれている（→82ページ）。

めざせ！月3,000円
おこづかいアップ大作戦

テストの点で交渉してみよう！

資産形成を行うには、元手となるお金（元本）を手に入れなければなりません。小学生が手に入れやすいお金といえばおこづかい。まずは、おこづかいアップを目指しましょう！　しかし、理由もなくおこづかいをアップしてほしいといっても、なかなかOKはもらえません。上手に交渉することが重要です。テストの点を気にするお父さん、お母さんであれば、テストで80点以上とったときには、点数分のお金をもらうなど、交渉してもいいですね。習いごとで目標を達成することも交渉材料になりそうです。

心理戦に打ち勝つ交渉術

相手と自分、どちらも納得の結果となる希望を通すためのコミュニケーションスキルを交渉術といいます。自分の望みを通すには、相手をよく見て、うまく話をもっていかなければなりません。お母さんやお父さんの希望もかなえつつ、おこづかいをアップしてもらうにはどんなやりとりをするといいか、どんなタイミングなら気持ちよく話を聞いてくれそうか、考えてみましょう。

交渉術のポイント

1　親も納得の理由を提示する

なぜおこづかいをアップしてほしいのかをはっきり伝えよう。今回の目的は、資産形成だ。資産形成を行うことで社会に興味をもつようになり、かつ未来の自分に向けたお金を貯められる。これは親にとっても望ましいことであると伝えよう。

交渉術のポイント

2　機嫌のよいときをねらう

相手の機嫌がよいときは、こちらの願いも通りやすい。どんなときに機嫌がよいか、よく観察してみよう。うまくいけば、無条件でおこづかいアップがかなったり、その場でおこづかいをもらえるかもしれないぞ。

めざせ！月3,000円
お手伝い会社大作戦

皿洗いを1日100円で交渉してみよう

おこづかいだけで資産形成のためのお金を手に入れるのはむずかしいかもしれません。そんなときは、家の中でできる仕事を見つけましょう。自分でお手伝い会社をつくるのです。お客さんは、両親。お父さんやお母さんがあまり好きそうでないこと、大変そうなことはありませんか？　そういったことの中で自分ができそうなものを仕事として引き受けます。たとえば、皿洗いを1日100円で交渉してみるのはどうでしょう。1日100円の仕事が見つかれば、1か月で約3,000円かせぐことができます。

100円の価値がある仕事を見つける

毎日の生活の中で仕事になりそうなことを探してみましょう。お父さんやお母さんはどんなことをしていますか？　自分がお父さんやお母さんだったら、この仕事をしてくれるなら100円出してもいい、というようなことを見つけましょう。

仕事になることは毎日の生活の中にかくれている！
できるかな？
なにがあるかな？

社長の目線で仕事の値段を考える

毎日の暮らしを社長の目線で見てみましょう。そして、仕事になりそうなことを見つけ、それに対する値段も考えてみましょう。値段は、いろいろな条件や状況をもとに決めます。条件には、お金を出す人ともらう人の価値観や仕事にかかる時間などがあり、状況には、世の中のお金事情や仕事が求められている場所やタイミングなどがあります。

値段の決め方1　お金を出す人ともらう人のバランス

仕事に対する値段は、お金を出す人（需要）ともらう人（供給）のバランスで決まります。お金をもらう側がほしい金額をつけても、払う側が高すぎると思ったら、仕事は成り立ちません。その逆に、安すぎる金額では、払う側はよろこんでも、もらう側が納得できないため、やはり仕事は成立しないのです。

朝ごはん準備・20ふん
300円
300円

お風呂そうじ・10ぷん
150円
150円

アルバイトなど時給が決まっている仕事は、働いた時間で給料が決まるよ

値段の決め方２　世の中のお金事情

仕事の値段は、世の中のお金事情（景気）に左右されます。景気がよいとき、つまり世の中のお金がたくさん動いているときは、給料が増え、商品の値段が上がります。お父さんやお母さんのお金が増えれば、同じ仕事でも値段が上がるかも。

値段の決め方３　仕事をするタイミング

いつ働くかでも仕事の値段がかわります。深夜や早朝、日曜日など、多くの人が休みたいような時間は働くことの価値が上がり、値段も上がります。

社長目線！

どんなお店がもうかるかな？

お店の１日の売り上げは、下の計算式で出せます。客単価や客数はおおよそでかまいません。どんなお店がもうかっていそうか想像してみましょう。

売り上げ　＝　客単価　×　客数

客単価：1人のお客さんが使う金額
客数：1日のお客さんの人数

たとえば、ファミリーレストランの場合、自分が使った金額をもとに「客単価 1,500円」、席の数を 50、３回くらいお客さんが入れかわると考えて「客数 150 人」とすると、１日の売り上げは 1,500 × 150 ＝ 22 万 5,000 円になる。

子どもも働ける？

労働基準監督署長がOKしてくれたら働ける

子どもが働いてよいかどうかは労働基準法という法律で決められています。労働基準法の中で子どもは年齢により3つに分けられ、それぞれできる仕事や働いていい時間などが定められています。小学生ができる仕事は、映画の制作または演劇の事業のみです。つまり子役であれば、労働基準監督署長の許可をとり、働くことができます。

なお、労働基準法は、どこかにやとわれる場合の決まりなので、自分で会社をつくったときは当てはまりません。

子どもを守る労働基準法

労働基準法は、働く人を守る法律です。子どもが仕事をするとき、働く子どもを守るための決まりもこの法律で定められています。

年齢ごとに決まりを３つに分けている

18歳までを３つに分けて、決まりを定めています。

年齢	仕事の決まり
15歳になってからむかえる４月１日～18歳未満（未成年者）	禁止されている職業以外は働いてもよい。22時から翌朝５時までの深夜労働は基本禁止
13歳以上で15歳になってからむかえる３月31日が終了するまで	禁止されている職業以外で、子どもの体と心に害をなさず、仕事が軽いもので、学校や学業の時間以外であれば働いてもよい。労働基準監督署長の許可が必要
13歳未満	映画の制作または演劇の事業であれば働いてもよい。ただし、労働基準監督署長の許可が必要

未成年者を守る法律

15歳になってからむかえる４月１日～18歳未満、つまり中学校を卒業したら、いろいろな仕事ができるようになります。しかし、まだ未成年であるため、この年齢の子どもを守る法律が定められています。

未成年者が働くときの大切な決まり

保護者などが未成年者にかわって、職場と仕事に関する約束（労働契約）をしてはいけない。

労働契約が未成年者にとって不利な場合、保護者などが解除することができる。

保護者などが未成年者にかわって賃金を受け取ってはいけない。

子どもが会社をつくる方法

会社の設立や運営について守らなければならないことを定めた法律を会社法といいます。会社法では、会社を設立できる年齢は定められていません。つまり、何歳でも会社をつくれるのです。しかし、会社をつくるときに必要な印鑑登録証明書が15歳以上しか手に入れられません。そのため、実際に会社をつくれるのは15歳以上になります。ただし、親といっしょに起業すれば15歳未満でも会社をつくることができます。

株式会社の設立の流れ

STEP 1 どんな会社か決める

会社の名前や場所、仕事の内容、会社設立の手続きをする人（発起人）などを決める。

STEP 2 会社の基本情報(定款)を作成&役所で認めてもらう

会社のルールなどをまとめた書類（定款）をつくり、公証役場という役場で認めてもらう。

STEP 3 会社を運営するためのお金(資本金)を銀行にふりこむ

資本金のふりこみは、会社設立に必要な書類「払込証明書」を作成するために必要。

注目！ 発起人が未成年の場合に必要なもの

発起人が15歳以上の場合

- 本人の印鑑登録証明書
- 父と母の実印を押印した同意書
- 父と母の印鑑登録証明書
- 戸籍謄本

発起人が15歳未満の場合

- 父と母の実印を押印した同意書
- 父と母の印鑑登録証明書
- 戸籍謄本

株式会社設立で必要なお金

資本金は1円からでよいとされています。しかし、会社設立までに必要なたくさんの書類、それらの申請にはお金がかかります。おもにどんなお金が必要か見てみましょう。

お金を払うタイミング	金額
STEP 2 定款に必要なお金	約10万円
STEP 5 法務局へ払う税金	15万円〜

会社を経営、運営する人を取締役という。会社には3人以上が取締役になって会社について決める取締役会をおく会社と、取締役会をおかない会社がある。取締役会がある場合、その中から代表者（代表取締役）を決めることもある。

STEP 4 会社について知らせるための書類（登記書類）を作成

どんな会社かみんなに知らせる（商業登記する）ための書類を作成する。

STEP 5 登記書類を法務局へ申請する

会社がある場所（本店所在地）を管理している法務局へ、代表取締役が書類を提出する。

注目！ 未成年が会社を経営、運営する場合

15歳以上の場合

取締役、代表取締役、どちらにもなれる。

15歳未満の場合

取締役会がないと、取締役になれない。取締役会をつくり、取締役になる。代表取締役にはなれない。

教えて！先輩

12歳の起業は大変？ 楽しい？

教えてくれる先輩

加藤路瑛さん

2018年、中学1年生（12歳）のときに親子起業で株式会社クリスタルロードを創業。親子起業支援事業を経て、2020年、中学2年生のときに、自分の悩みごとでもある感覚過敏の問題を解決するために感覚過敏研究所を立ち上げる。視覚、聴覚、嗅覚、味覚、触覚といった感覚が過敏なことで悩む人のために、商品の開発や販売、大学との共同研究、感覚過敏の課題を社会に伝える活動などをしている。

質問1 12歳のときに起業したのは大変でしたか？

大変なこともありますが、それ以上に楽しさや、やりがいを感じることが多いです。子どもの起業のよい点は、生活費をかせぐために事業をしなくてもいいことです。住む場所や食事は家族に助けてもらうことが多いでしょう。ですから、お金を気にせずに本当にやりたいことに集中することができます。また、大人から応援してもらえたり、力を貸してもらえるたりすることも多いです。

質問2 起業してみて思っていたのとちがったことはありますか？

会社をつくること自体とてもかんたんだったことです。むずかしい書類の用意は全て司法書士にお願いしましたが、あとは法務局に行って書類を出すだけでした。「中学生なの？　すごいね。がんばってね」というような反応があると思っていたのに、事務的に書類が受け付けされ、あっさりと会社ができてしまった感じでした。

質問3 起業するときは司法書士に頼んだんですね。

はい。自分ですることも可能ですが、年齢によって必要なことなど調べながらするのは大変です。司法書士にお任せすると、作業は楽になり、時間もかかりません。同じように、会社の仕事でのお金関係は、税理士にお任せしています。専門的な知識が必要なことは、専門家に頼るのがいいと思います。

質問4 いろいろな仕事をされていますが、どうやって仕事になりそうなことを見つけていますか？

「こまっていること」から見つけています。どうしたら解決するだろうと考えることが仕事につながっていますね。

質問5 たとえばどんなことがありますか？

今、一番力を入れている仕事、感覚過敏研究所の運営は、まさしく自分がこまった経験を生かした仕事です。感覚過敏によって食べたいものが食べられない、カラオケに行きたいけれど音でつかれてしまう……。そんな人たちでもやりたいことをあきらめなくてよい社会をつくりたいと思い、研究、商品開発、講演会などを行っています。

加藤さんの会社は、感覚過敏で制服を着るのがつらい子のために、カンコー学生服と制服の研究をしている。

質問6 働いていて楽しいのはどんなときですか？

自分がつくった商品やサービスで、人によろこんでもらえたときです。お客さんから「つくってくれてありがとう」「おかげで悩みが解決できた」など、感謝の気持ちをいただいたときは、がんばってよかったとうれしくなります。

最後に……

みんなへのメッセージ！

やりたいと思った気持ちをとじこめないで、まずはまわりの人に伝えてみる！

子どものうちに会社を立ち上げたり、お金をかせぐのは大変だけど、まわりの協力を得ることで、ひとりではできなかったことができるようになります。

銀行にお金を預けたら どのくらい増える？

100万円預けても、1年で増えるのは20円

銀行にお金を預けると、そのお金には利息がつきます。利息とは、お金を預けてくれたことに対するお礼のようなもので、預けたお金が一定期間後には増えるシステムです。今の日本の銀行は利息がとても少なく、普通預金だと100万円を1年間預けても20円ほどの利息しかつきません（2024年5月現在）。

しかし、利息は預けた金額や預ける期間、そして銀行が設定する利率によってかわります。利率が高いほど、また長期間預けるほど、得られる利息も多くなります。

銀行に預けるメリットは２つ

銀行にお金を預けても、あまりお金は増えません。しかし、銀行に預けることでよいことがあるのです。それは大きく２つ。①お金が守られることと、②お金の管理がしやすいことです。

1 お金が守られる

泥棒にぬすまれたり、火事で燃えてしまうことがない。万が一、銀行がつぶれてしまった場合も、一定金額はもどってくることが約束されている。

2 お金の管理がしやすい

預けたお金は銀行やATM（現金自動預け払い機）などで引き出すことができる。そのため、出かけた先でお金が必要になったときには便利だ。そして、今あるお金がいくらで、いついくら使ったかを通帳で確かめることができる。

ATM
基本的に、銀行が倒産しても1,000万円までは返ってくるよ

預金方法を探そう！

預金にはさまざまな種類があり、それぞれに特徴があります。これらの預金の種類を選ぶことで、目的や計画に合わせてお金を賢く増やしていくことができます。種類によって利率や条件が異なるため、自分の目標に合った方法を選びましょう。

預金の種類

＊利率は、一般的な数字です（2024年5月現在）。

	利率（年）＆利息	特徴＆使い方
①普通預金	0.001%～0.03% 100万円を1年間預けたときの利息は約10円から300円	銀行にお金を預けていつでも自由に出し入れできる預金。便利だけれど、利率は低い。ふだんの生活で必要なお金や、急に必要になったときのお金を預けておくために使う
②定期預金	0.02%～0.5% 100万円を1年間預けたときの利息は200円から5,000円	事前に決められた期間、お金を銀行に預ける預金方法。その期間、お金を引き出せない。そのかわり普通預金よりも高めの利率が設定されている。期間は数か月から数年まで幅広く、期間が終了すると預けた金額（元本）と利息がいっしょにもどってくる
③積み立て	0.01%～0.2% 利率（年）0.2%の場合、毎月1万円を1年間積み立てると利息は約240円	少ない金額からこつこつと貯めていける。決まった期日に自動でお金が振りかえられるので、貯金が苦手な人も続けやすい
④外貨預金	0.1%～数%と幅広い 100万円相当を外貨預金にして1年間預けた場合、1,000円から数万円の利息がつくこともある	外貨預金は円ではなく、ドルやユーロなど外国の通貨でお金を預ける方法。この預金は、外国の通貨が価値を上げたときに利益を得ることができるが、逆に価値が下がると損をすることもある

預金でお金が減ることがある!?

銀行にお金を預けた場合、もどってくるお金はどんなお金でしょう？　実は、銀行に預けたお金が減ることもあり、銀行でついた利息がすべて手元にもどってくるわけではないのです。

預金なのにお金が減る!?　手数料に要注意！

手数料は、お金の出し入れや、別の銀行への振りこみをするときなど、お金を動かすときにかかる料金のこと。手数料の設定は銀行によってさまざまです。時間帯によって無料、引き出す回数が何回までは無料としている銀行もあります。

利息はもうけたお金だから税金がかかる！

預けたお金はもともともっていたお金ですが、利息は「所得」つまりもうけたお金となるため、税金がかかります。利息にかかる税金は「所得税」と「住民税」の2種類です。所得税は 15.315%、住民税は 5%、合計で 20.315% です。

利息が多ければ多いほど税金も増えますが、元のお金が減ることはありません。

1万円の利息には、約2,031円の税金がかかるので、通帳へ反映される自分のお金になるのは 7,969円だ

お金を引き出すときの手数料は、ATM を使った場合 110円から 330円程度の銀行が多いんだ

第1章 お金を増やす

自分の銀行口座をつくれる？

銀行口座は0歳からつくれる！

未成年の場合、保護者の協力があれば銀行口座は0歳からつくれます。口座をつくったら、たいていの場合、通帳ができます。通帳は、お金を出し入れした記録をつける（記帳する）ためのものです。月に1度は記帳して、どれだけお金が貯まっているか、またいつ、どれだけお金を使ったか確認しましょう。記帳は、銀行のATMや窓口でかんたんにできますよ。

また、銀行によっては通帳をデジタル化し、インターネットでお金の出し入れを確認できるようになっています。

銀行口座のつくり方

口座をつくるまでのステップは４つ。保護者と相談しながらつくりましょう。

STEP 1 銀行を選ぶ

使いやすい銀行を選ぶ。家の近く、お父さんお母さんが使っているなど、行きやすい場所にあったり、使いなれている銀行だったりすると便利。さらに、パソコンやスマホでお金の管理ができ、利息も高めなインターネットバンキング（ネットバンク）もおすすめ。

STEP 2 必要なものを準備する

必要なものリスト

①口座をつくる人（自分）の確認書類
健康保険証、マイナンバーカードなど、現住所が書かれているもの

②お父さんやお母さん（親権者）の本人確認書類
運転免許証、健康保険証、マイナンバーカードなど

③親権者であることが分かる書類
母子手帳や子どもの健康保険証など

④届出印（銀行印）
口座で使う印鑑

STEP 3 銀行で、もうしこむ

親権者といっしょに銀行へ行って手続きをする。親権者だけで手続きできる場合もある。キャッシュカードをつくるかどうかも決める。キャッシュカードがあれば、ATMでお金の出し入れができる。

STEP 4 通帳、キャッシュカードを受け取る

手続きが完了すると、預金通帳とキャッシュカードを受け取れる。手続きをしたその日に受け取れる場合と、後日、家へ郵送される場合がある。

キャッシュカードは、自分しか使えないように銀行で暗証番号を決めるよ。暗証番号は、絶対に人に教えてはいけないぞ！

投資ってなに？

お金を働かせてお金を増やす&国や企業を応援すること

投資とは、利益を期待して自分のお金を出すことです。企業にお金を出したり、マンションや土地などを買ったりして、それらが価値を増すことで、投資した金額よりも多くのお金（利益）を受け取ることが目的です。さらに、企業や国にお金を出すことで、その企業や国を応援することができます。投資は、お金を働かせて社会を応援し、自分の利益も得ることなのです。

投資のしくみ

投資でどのようにお金が動くのか見てみましょう。

たとえば、株の場合……

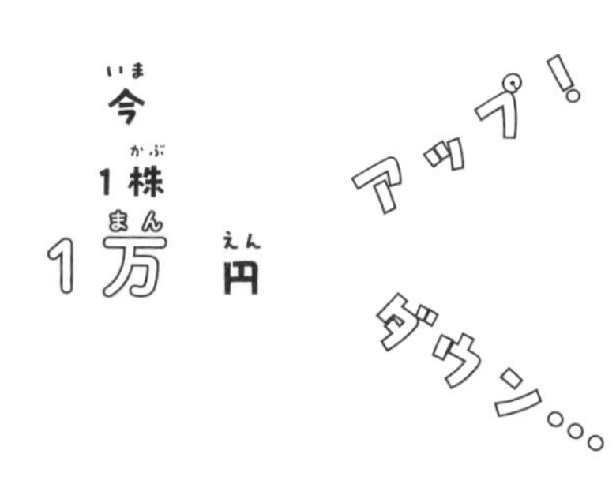

●年後

1株
2万円

1万円だったものが2万円になったので、1万円の利益を得たことになる。

1株
5,000円

1万円だったものが5,000円になったので、5,000円損失したことになる。

投資と預金のちがい

投資と銀行にお金を預ける預金を比べてみましょう。投資に比べて預金は増える金額は少ないですが、もともとのお金（元本）が減ることはありません。

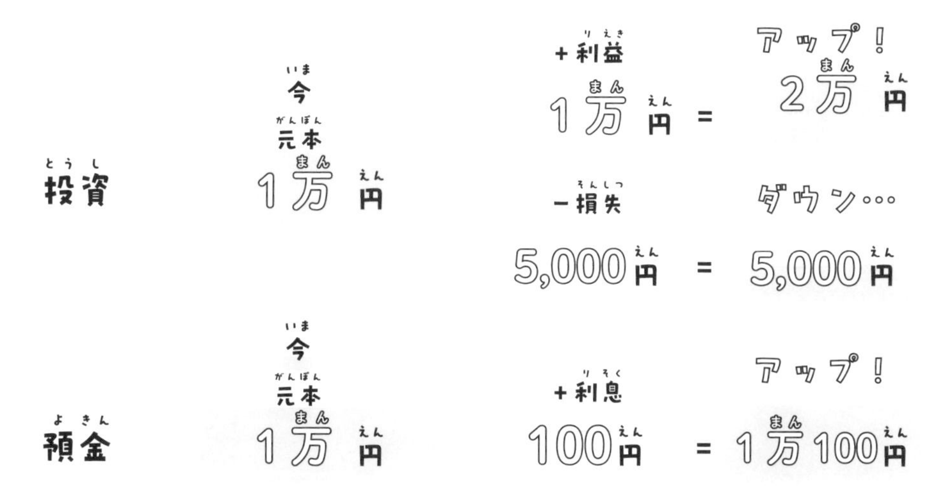

投資の種類

投資はいろいろな種類がありますが、投資できる年齢が決まっているものもあります。

おもな投資先と投資内容

	種類	投資の特徴	投資を行う場所
小学生OK	債券	国や地方公共団体、企業などが発行している。期間と金利が決まっていて、期間の終了で利益が得られる。損をする可能性（リスク）は低い	証券会社、銀行（一部）
小学生OK	投資信託	多くの人からお金を集め、プロの運用者が株や債券などいろいろなところに分けて投資する。投資信託ごとに投資先の組み合わせがある。少額から投資できる	証券会社、銀行（一部）
小学生OK	株式投資	企業が出している株を購入する。配当金や、値上がりした株を売った利益が得られる	証券会社（一部）
小学生OK	不動産	マンションや土地を購入する。人に貸したり、売ったりして利益を得る。購入するのに年齢制限はないが、小学生はローンを組んでお金を借りられない	不動産会社
小学生OK	金	金を購入する。金の値段がかわることで利益を得る	証券会社、銀行、地金商など（一部）
13歳から	外貨預金	お金を外貨（外国のお金）にかえて預金する。日本のお金（円）の価値が下がれば利益が出る。損失が出るリスクがある	銀行（一部）
18歳から	FX	外国のお金（外貨）を購入する。外貨を売ることで利益を得る。リスクが高い	証券会社、銀行、FX 業者（一部）

投資のリスクを減らす4つの分散

投資はお金が減るリスクがついてくるもの。そのリスクをできるだけ減らし、成功させるには４つの分散があります。

1 投資の種類の分散

種類の異なる投資商品を組み合わせる。

債券

株式投資

投資信託

2 投資先の業種の分散

さまざまなジャンルの企業を組み合わせる。

ゲームの会社

飲食の会社

自動車の会社

3 場所の分散

いろいろな国や地域へ分散して投資する。

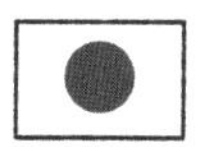

日本

アメリカ

中国

4 時間の分散

投資するタイミングを分けて続ける。

１か月ごとなど複数に分けて投資

投資で引かれるお金

投資では、投資の種類により異なりますが、投資をするためにかかる手数料と、利益からは税金が引かれます。

投資信託や株の場合

手数料…投資信託や株を買ったり、売ったりするときにかかる。売買する場所でかわる。０円のところもある

税金…きほん、利益に対して所得税 15%と住民税 5%、合わせて 20%の税金がかかる

※ 2037 年 12 月末までは、復興特別所得税もかかり、合計 20.315%の税金がかかる

おすすめの投資は？

投資信託＆株式がおすすめ

小学生でも投資は可能です。親の同意があれば、未成年口座を開設し投資することができます。おすすめは投資信託と株式。投資信託は、100円から購入できるものもあります。そして、株を買うことはその会社のオーナーのひとりになるということ。自分が応援したい会社の株を1株から買ってみるのもよいでしょう。

投資をする前にやっておくこと

投資にはお金がかかります。また、絶対に損をしないと約束されたものではありません。もし、子どものうちから投資をはじめるなら、次のことをしておきましょう。

1 親に相談する

親といっしょに投資について学び、計画を立てることで、リスクをおさえながら投資を進めることができる。

2 どれくらいのお金を投資に使えるか確認する

おこづかいや貯めたお金をすべて投資に使うのは危険！　必要なお金をのぞいて、その中からいくらなら投資に使ってもいいか決めよう。

お金の使い道（→47ページ）で出てくる4つのブタさん箱を見てね！投資に使う箱にはいくら入るかな？

3 もっと深く投資に使う金額を考える

心配だから100円にしよう
100

投資はお金が減るリスクがある。投資にいくら使うかは、自分の気持ちと相談して決めよう。不安がいっぱいの人は少なめに、あまり気にならない人は使える範囲の金額分だけ使ってもいい。

投資をやってみよう

株式と投資信託のはじめ方をお教えします。投資をするときには、投資用の口座をつくらなければなりません。銀行や証券会社で口座をつくるのですが、それぞれ取りあつかう株や投資信託が異なります。たくさんの種類があるところ、自分が投資したいものがあるところを選ぶことが大切です。そして、未成年の場合、投資をするには親の協力が必要ですのでおぼえておきましょう。

株式

STEP 1 証券会社に親の口座をつくる

親権者（親）が口座をもっていることが、未成年の口座をつくる条件になっていることが多い。

STEP 2 親と同じ証券会社に自分の口座をつくる

住民票や自分のマイナンバーなど証券会社によって必要な書類があるので事前に確認して、準備しておく。

投資信託

STEP 1 買いたい投資信託を選ぶ

投資信託はいくつかの株や債券を組み合わせたもの。どの組み合わせがいいか考えよう。

STEP 2 投資信託用の口座をつくる

買いたい投資信託により手続きがかわる。

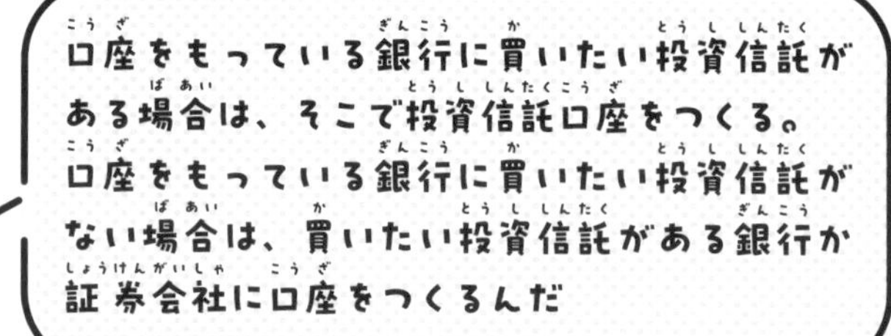

口座をもっている銀行に買いたい投資信託がある場合は、そこで投資信託口座をつくる。
口座をもっている銀行に買いたい投資信託がない場合は、買いたい投資信託がある銀行か証券会社に口座をつくるんだ

＊株式同様、お金を出し入れするための銀行口座も必要。証券会社の場合、株式の STEP1、2 と同じ流れになる。

証券会社で口座をつくるときのポイント

証券会社で口座をつくるとき、特定口座か一般口座、特定口座の場合は源泉徴収のあり・なしを選ばなければならない。おすすめは「特定口座・源泉徴収なし」。利益が1年で20万円以上出ると税金がかかり、特定口座にしておくと、証券会社が税金のため（確定申告）の書類をつくってくれる。源泉徴収ありにすると、利益が20万円未満でも自動的に税金を取られてしまうので損！

STEP 3 自分の銀行口座をつくる

証券会社の口座でお金を出し入れするには、同じ名前の銀行口座が必要。

STEP 4 入金する

投資用のお金を口座に入金する。

STEP 5 株を買う

どの株をどのくらい買うか決めて注文する。売りたい人とうまくバランスが取れたら取引成立！

STEP 3 入金する

投資用のお金を口座に入金する。

STEP 4 投資信託を買う

投資信託の購入申しこみをする。インターネットや電話でもできる。

投資信託を買うときに「積み立て」を選ぶと、毎月1回自動で投資し続けることができるよ。お金を引き落とす先と、引き落とす日、金額を決めよう

コラム　もっと知りたい！

投資信託ってどんなもの？

投資信託とは、みんなのお金を集めて、投資のプロが株式や債券などに投資をしてくれるしくみのことで、投資先をまとめた商品です。投資信託とは、このしくみのことであり、かつ投資先をまとめたパッケージ名でもあります。投資信託とはどんなものか、どんな種類があるのか見てみましょう。

投資先は専門家が選ぶから楽ちん＆安心

投資信託は、どこに投資するかを投資の専門家が選びます。投資先は、１つではなくいくつか組み合わせたパッケージ型。投資信託を選ぶことで、リスクを減らす分散投資がかんたんにできるのです。さらに、プロが選んだ投資先の組み合わせのため、あまり不安なく投資できるものがたくさんあります。

投資信託のかたち

いろいろな投資先を組み合わせた投資信託は、お弁当のおかずとデザートのようなもの。おかずやデザートの種類が、投資信託の投資先と考えましょう。

国内株式型

日本のおかずのみ。投資先がすべて日本の株式。

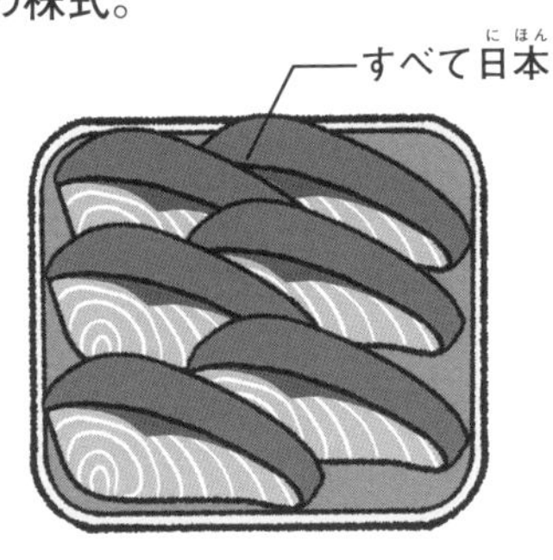

外国株式型

いろいろな国のおかずが入っている。投資先が世界中の株式。

バランス型

いろいろな国のおかずとデザートが入っている。国内と海外の株式、国内と海外の債券が投資先。

もっているだけでお金が引かれる!?　信託報酬

投資信託は売ったり買ったりするときにかかる費用のほかに、投資信託を管理するための「信託報酬」がかかります。信託報酬がいくらかかるのか、投資信託によって異なります。長くもち続けるほど信託報酬を払い続けることも事前にしっかり理解しておきましょう！

18歳になったらNISAをはじめたほうがいい？

NISAはお得な投資制度！

NISAとは「少額投資非課税制度」といい、日本で株式や投資信託などの投資で得た利益が非課税、つまり税金がかからない制度です。税金がかからない分、とってもお得ですが、まずは100円など少額から投資をはじめるとよいでしょう。ただし、NISA口座をつくれるのは、18歳になった翌年の1月1日からです。もし未成年口座で投資をしていた場合、それができるのは18歳まで。18歳になったら、未成年口座は自動的に成年口座にかわります。そしてNISA口座はそれとは別につくらなければなりません。

NISAのしくみ

NISAには、いろいろなルールがあります。税金がかからない金額の範囲、投資の仕方などです。「つみたて投資枠」と「成長投資枠」という2種類の投資枠があり、それぞれに決まりがあります。

NISAのルール

1 非課税になる金額は1,800万円まで

つみたて投資枠と成長投資枠を合わせた金額が1,800万円まで非課税。成長投資枠のみの場合1,200万円まで非課税。

2 1年間で買える金額は360万円まで

つみたて投資枠は120万円、成長投資枠は240万円まで1年間で買うことができる。

一度NISA口座で買った投資商品は、ずっと利益に税金がかからないんだ。好きなときに売っていいよ

2種類の投資枠

投資枠	内容	こんな人におすすめ
つみたて投資枠	毎月少しずつ、長期間にわたって投資を続ける方法。リスクを抑えながら資金を増やすことができる	将来の大きな目標のために少しずつ資産を増やしていきたい人や、投資初心者
成長投資枠	つみたて投資枠よりも選べる株式や投資信託の種類が多い。リスクを取ることで高いリターンを目指せる	投資のことをよく理解していて、経験がある人。リスクをとっても、より大きな利益を得たい人

こわ〜い ブラックバイト

ブラックバイトという言葉を聞いたことはあるかな? ブラックバイトとは、ひどい環境の中でアルバイトをさせること。特に学生バイトに対して、学生らしい生活が送れないようなひどい働かせ方をする職場のことをさすぞ

こんな職場は危険!

1 最初に決めた働く時間以上に働かされる
2 働く日や働く時間を勝手にかえられる
3 テストの準備期間やテスト期間など学校の活動で忙しくて入れないと伝えても休ませてくれない
4 「人がたりない」などといった理由で休ませてくれない
5 辞めたいといっても、辞めさせてくれない
6 決まった時間以上に働かせ、その分の給料を払ってくれない
7 給料を払ってくれない

こまったときは……

国の機関が相談にのってくれる。日本全国にある総合労働相談コーナーや、労働基準監督署に助けを求めよう!

総合労働相談コーナー

あらゆる職場トラブルの相談にのってくれる。セクシャルハラスメントなど、異性に話しづらい悩みの場合、同性の相談員に相談をお願いすることもできる

第　章

お金を使う

お金の使い方は学ばないとだめ？
上手な買いものと下手な買いものがある？
ポイントと値引きはどっちが得なんだろう？

お年玉で好きなものを好きなだけ買ってはだめ？

ほしいものを買うのはOK！

お年玉で好きなものを買うのはかまいません。ただし、お年玉をすべてほしいものだけに使うのは、おすすめしません。お金は使うとなくなってしまいます。使った分にふさわしい価値があるかどうか、使う前に考えましょう。そのときにしてほしいのは、お金の使い道を４つに分ける方法です。どこにいくら使うかは自分次第。

お年玉はお金の使い方を学ぶ大チャンス！　お金の価値と使った先にあるものの価値を考えてみましょう。

お金の使い道を分ける4つの箱

お金を使う前に、なににいくら使うか計画を立てましょう。おすすめは目的ごとの4つの箱に分ける方法。箱の名前は、①消費　②貯蓄　③寄付　④投資です。

今、ほしいものや、必要なものに使うお金

ちょっと先の未来に向けて貯めておくお金

こまっている人や、地球環境など世の中をよくするために使うお金

遠い将来に向けて増やしていくお金

お金を使った結果、どんなものになるのか調べて具体的に想像しよう。たとえば寄付であれば、サンゴを守る活動、保護された犬を助ける活動などいろいろある。自分が応援したくなる先を探そう！

消費はneedsとwantsに分けて考える

消費にいくら使うかは、「needs」と「wants」に分けて考えます。「needs」は必要なもの、「wants」はほしいものです。needsは目標があり、それを解決する手段として必要なものです。まず使うべきは「needs」。そして、残ったお金から「wants」を考えます。

needs ＝必要なもの　　**wants ＝ほしいもの**

wantsについてよ～く考えると、needsだったりするものもあるよ。スニーカーがほしい理由が、今のくつはきついからということならneedsになるね。そして、needsは自分のお金ではなく、お家のお金で買ってもらえるものも多いのではないかな？自分で買う前に買ってもらえるか聞いてみよう

投資先に自分を入れる

遠い未来に向けて行う投資。お金を使う先に自分も加えましょう。知識や経験をつむことは、自分の価値を高めます。そして、未来の選択肢を広げます。

いろいろな自己投資

博物館や
美術館に行く
本を読む
たくさんの知識や
経験からやりたい
ことが見つかるよ
文章を書いたり、
ゲームをつくったりする

第2章 お金を使う

上手にお金を使いたい！

ネットとお店、どっちがお得？

お金だけ見るとネットの方が得なことが多い！

商品の値段だけを比べるとインターネット販売の方が安いことが多いです。ネット販売では、お店も販売員もいらないため、商品の値段を安くできるのです。ただし、お店で買うよりも買いものを後悔する可能性は高くなります。実際に見たり、試したりできず、またその商品について詳しい人の話を聞くこともできないため、お金を支払って手元に商品がきてはじめて本当にほしかったものかどうか確認するしかないからです。いらないものを買ってしまったら、大損ですね……。

ネットとお店を比べてみよう

ネットとお店のよいところ、悪いところをそれぞれ書き出してみましょう。そして、ほしいものによって、ネットで買うかお店で買うか決めましょう。

ネット

・実際に使った人の感想を読める
・好きな時間に、ゆっくり買いものができる
・お店まで行かなくていい
・商品の品数が多い
・家まで届けてくれる

・商品代以外に送料や手数料がかかることがある
・実際に商品を見たり、試したりできない
・口コミが本当かどうかわからない
・商品が届くまで時間がかかる
・返品や交換などに費用がかかることがある
・詐欺などに引っかかってしまうことがある

お店

・お店の人にどんなものか聞ける
・実際に見たり、試したりできる
・特売などネットより安くなることがある
・すぐに手に入れて、使うことができる

・お店まで行かなければならない
・お店の時間に合わせて買いものをしないといけない
・基本的に自分でもち帰らなければいけない
・お店の大きさによって商品の数が限られる

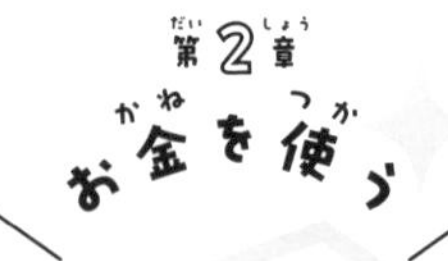

上手にお金を使いたい！

10%ポイント還元と10%引き、どっちがお得？

10%引き

を

で買うこと

10%ポイント還元

＋

を

で買うこと

10%引きは10%ポイント還元よりお得！

10%引きの方が10%ポイント還元よりお得です。10%引きとは、1,000円の商品が900円になること。つまり、商品の90%を支払うことです。一方で、10%ポイント還元とは、1,000円の商品を買うとその10％である100ポイントがつくということ。ポイントを含めた1,100円分を1,000円で買ったことになります。商品の価値に対して、なん%でそれを購入できたか考えると、1,000 ÷ 1,100= 約90.9%となります。これらのことから、10%引きは90%、10%ポイント還元は90.9%支払ったことになるため、わずかですが10%引きの方がお得なのです。

コツコツ貯められるポイントはやっぱりお得！

割引とポイント還元が同じ条件で出されている場合、割引の方がお得になりますが、支払い方法をクレジットカードにしたり、お店が出しているポイントカードを使ったりすると、ポイントが貯まります。子どもが貯められるポイントもあります。

決まったお店で使えるポイントカード

お店を使うたびにハンコをおしてもらったり、ポイントがついたりする。カードのハンコが貯まるとお店の商品をもらえるなどお得なことがある。

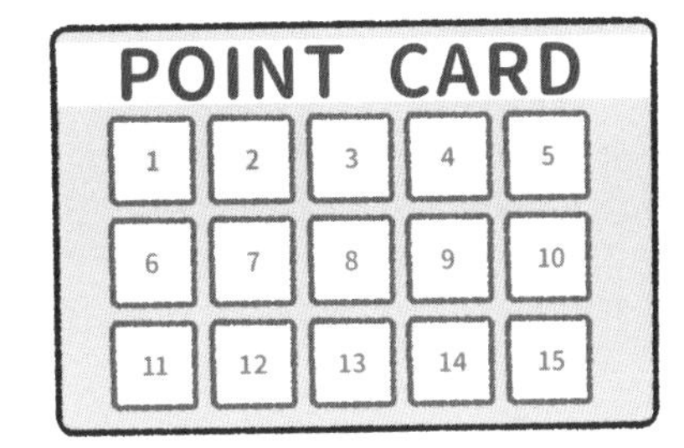

いろいろなお店で使えるポイントカード

カードを出している企業が、いろいろな企業と組んで使えるようにしているカード。買いものをするたびにカードを見せることでポイントを貯めることができる。貯まったポイントはお金のかわりとして使うことができる。

ポイントの種類がバラバラだと貯まりづらいよ。できるだけ少ない種類で使用することが上手にポイントを貯めるコツ！

第2章 お金を使う

上手にお金を使いたい！ 現金と電子マネー、どっちがお得？

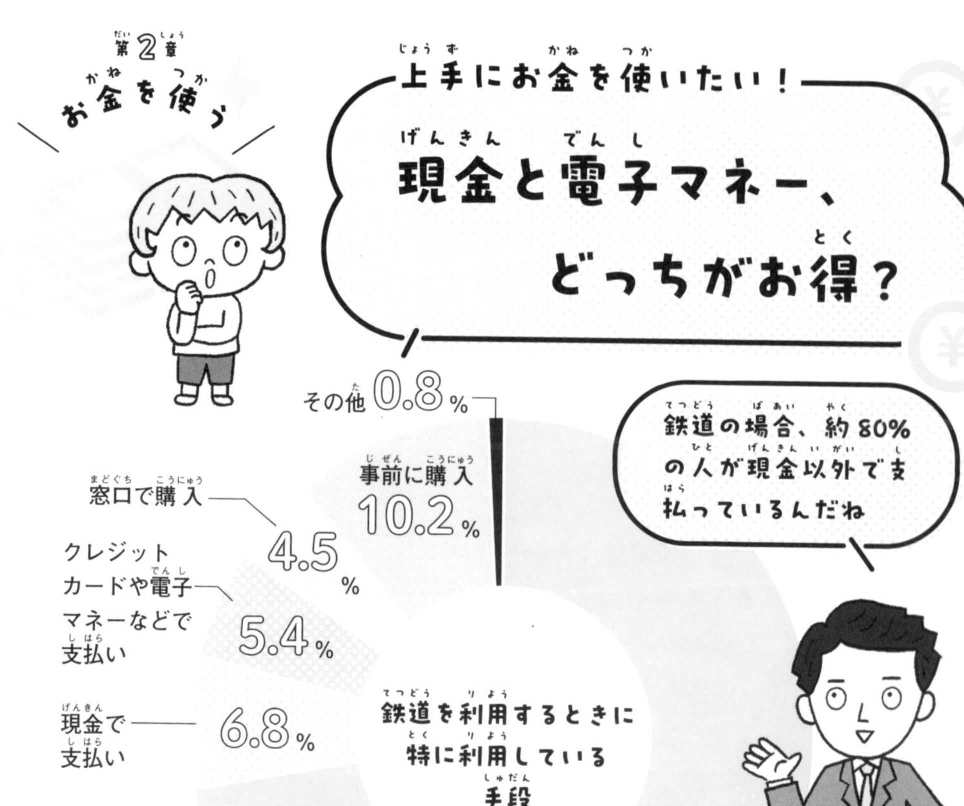

鉄道の場合、約80%の人が現金以外で支払っているんだね

出典：国土交通省ウェブサイト（https://www.mlit.go.jp/sogoseisaku/transport/content/001488012.pdf）をもとに作成

多くの場合、電子マネーがお得！

電子マネーとは、現金を使わずに支払う方法の1つで、電車やバスの運賃を払うときに使う交通系、いろいろなお店で使えるＱＲコード系などさまざまな形があります。電子マネーは使うことでポイントを貯められたり、パッと払えるため手間もかからず、現金よりお得になることが多いです。

知っておきたい！　いろいろな支払い方

現金、電子マネー以外にもお金を支払う方法があります。なにを使うかで、お金の支払い方がかわります。支払い方は３つ。①前払い　②同時払い　③後払いです。

支払い方法	お金が減るタイミング	お金の払い方
プリペイド型電子マネー（交通系ICカードなど） 商品券 プリペイドカード(図書カードなど)	前払い	事前にお金を払う（チャージする）。チャージしたタイミングで、お金がカードに入る。カードを使って買いものなどをしたタイミングでカードに入っているお金が減っていく
現金 デビットカード	同時払い	買いものなどと同時にお金を払う。デビットカードは、使ったタイミングで銀行口座からお金が減るカード。自分がもっている金額以上のお金は使えない
クレジットカード ポストペイ型電子マネー 銀行口座引き落とし	後払い	まとめて後からお金を払う。１か月など決まった期間に使った分のお金が銀行口座などから減る。口座にある以上の金額を使うことができる。ただし、支払えないとカードが使えなくなるなどトラブルに……

後払いは、借金といっしょ！　小学生が使うことはほぼないけれど、子どものうちからきちんと理解しておくことが重要だ

カード比べ

前払い、同時払い、後払いの代表的なカードについて、自分のお金がどう流れていくのか見てみましょう。

前払い　プリペイドカード

小学生ももてる

事前にお金を入れておくことで、その金額分の買いものができるカード。だれでももつことができる。使い切り型と、チャージ型の２パターンがある。使い切り型は、決められた金額のカードを買うことで、その金額分だけ使えて、使い切ったらおしまい。チャージ型はお金をチャージすることで、チャージした分だけ使え、くりかえし使うことができる。

お金が減る

①カード発行会社にお金を払う

②カードで支払いをすると、カード発行会社がお店に支払う

同時払い　デビットカード

15才からもてる

口座のある銀行に申しこんでつくるカード。銀行口座にある金額分しか使えない。カードを発行するための審査がなく、15歳以上であればもつことができる。

①銀行口座のある銀行でカードをつくる

お金が減る

②カードで支払いをすると、口座から銀行がお金を払う

銀行口座からお金が払われるため、カードを使ったタイミングで自分のお金が減るよ

後払い　**クレジットカード**

18才からもてる

クレジットカード会社に申しこんでつくるカード。クレジットカード会社の審査がある。また、18歳以上からしか申しこめないが、高校生はつくれないことが多い。

①クレジットカード会社に申しこむ。審査に通ればカードがもてる

②カードで買いものをすると、クレジットカード会社がお店に代金を支払う

お金が減る

③1か月など決まった期間後、その期間に使った金額を銀行口座からクレジットカード会社に支払う

おこづかい帳でまとめて管理

電子マネーも、現金も、手に入ったお金、出ていったお金は1冊のおこづかい帳につけて、まとめて管理しておくとよいでしょう。自分がいつどんなことにお金を使ったのか知っておくことが、お金を上手に使えるようになるための第1歩です。

レシートが出ない交通系ICカードの場合、チャージをする機械で使ったお金の一覧を手に入れられる。

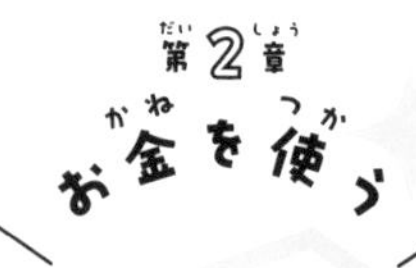

クレジットカードは危険？

クレジットカードのおもて

❶ ICチップ:クレジットカード番号や有効期限などカード情報を暗号化して記録している。
❷ 会員番号（カード番号）:「カードを発行している会社の番号」「もち主の番号」「カードが正しいか確認するための番号」の組み合わせになっている。
※注意！　ほかの人に知られないようにしよう。
❸ 有効期限：カードを使える期限。月 / 年（西暦下２桁）で書かれている。
❹ 会員名：カード会員（もち主）の氏名がローマ字で書かれている。
❺ 国際ブランドマーク：同じマークが表示されたお店で使える。
❻ タッチ決済マーク：カードをかざすだけで買いものができる。同じマークのついたお店で使える。

取りあつかいによってクレジットカードは危険！

自分がもっている以上のお金が使えるクレジットカードは、大きな借金につながる可能性がある危険なものです。また、きちんと取りあつかっていないと、だれかに勝手に使われる危険もあります。

クレジットカードを守るしかけ

クレジットカードには、悪い人に使われないようにいろいろなしかけがされています。

クレジットカードのうら

❼ 名前を書くところ：もち主が自分の名前をサインするところ。

❽ セキュリティーコード：インターネットでカードを使って買いものをするときに使う数字。知らない間に使われないようにするためのもの。

❾ クレジット会社の連絡先

❿ 磁気ストライプ：カードの情報が保存されている。ここの読み取りからクレジットカード支払いができる。

書かれている内容や位置は、カードによって異なるよ。最近は、おもての情報を減らしたり、できるだけ情報を書かないようにしたりしているんだ

クレジットカードの使い方

クレジットカードのよい使い方と悪い使い方をおぼえましょう。

よい使い方

- 一括払いで払う
- カードは１～２枚だけもつ
- いくら使ったか記録しておく
- 使った金額が書かれた請求書を確認する

悪い使い方

- 分割払いやリボルビング払いで使う
- 何枚もカードをもつ
- ポイントをためるために使う

分割払い　買いものごとに、支払う回数を決める払い方。分割払いで使った分、返す

	4月（ゲーム機10万・5回払い）	5月（洋服３万・3回払い）	6月	7月
残っている借金	¥10万	¥11万	¥9万	¥6万
月々払う金額	¥２万（ゲーム） 手数料	¥１万（洋服） ¥２万（ゲーム） 手数料	¥１万（洋服） ¥２万（ゲーム） 手数料	¥１万（洋服） ¥２万（ゲーム） 手数料

リボルビング払い　毎月いくら払うかを決める払い方。借金が増えても払う金額がか

	4月（ゲーム機10万）	5月（洋服３万）	6月	7月
残っている借金	¥10万	¥11万	¥9万	¥7万
毎月2万円ずつ払うと決めた場合	¥２万 手数料	¥２万 手数料	¥２万 手数料	¥２万 手数料

支払い方法の種類とかかるお金

クレジットカードは払い方により、手数料がかかることがあります。

払い方	内容	手数料
1回払い	使った月の翌月に一度で払う方法	不要
2回払い	使った月の翌月と翌々月に分けて払う方法	不要
分割払い	買いものごとに、3回以上の決めた回数に分けて払う方法	必要
リボルビング払い	何度使っても、毎月決まった金額で払っていく方法	必要

金額が増えるため、月ごとに金額がかわる。

8月 ＼4回払い／ 自転車 8万	9月	10月
¥11万	¥7万	¥5万
¥2万(ゲーム) ¥2万(自転車) 手数料	¥2万(自転車) 手数料	¥2万(自転車) 手数料

危険！

「分割払い」と「リボルビング払い」は借金を増やす原因になりやすい払い方だよ

わらないため、どの買いものの支払いが終わったのかわかりづらい。

8月 自転車 8万	9月	10月
¥13万	¥11万	¥9万
¥2万 手数料	¥2万 手数料	¥2万 手数料

借金は悪いこと？

すべての借金が悪ではない！ 借金が必要なこともある

人生において、もっている以上のお金を使ってでもしたいこと、すべきことが出てくるときがあります。たとえば、自分のお店をもちたい、家を買いたいなど、人生を大きく左右するようなときです。そういったときにもっているお金がたりなければ、借金をしてお金を用意しなければなりません。

銀行などの金融機関から借金をすることを「ローン」といいます。ローンを利用するときに重要なことは、どこで、どんなローンにするかということ。国の許可を得た信用できる機関で、ローンの目的に合わせたものを選びましょう。

ローンを利用するときの注意点

ローンを利用すると、借りたお金に「利息」という追加のお金を加えて返していかなければなりません。利息がいくらになるかは、借りる場所や借りる目的によって設定されている金利で決まりますので、できるだけ金利が低くなるローンを利用したいですね。

ローンの種類と金利の変化

ローンの金利は、低いものから高いものまであります。ローンの目的がはっきりしていて、きちんとお金が返ってくると信用されているものほど金利が低く、ローンの目的がはっきりせず、お金を返してくれるか信用されていないものほど高くなります。

高い

カードローン

何に使ってもいいローン。カードごとに使える金額（限度額）があり、限度額までであれば何度でもお金を借りられる。

フリーローン

何に使ってもいいローン。一度に決まったお金を借りる。追加で利用したいときは、その都度、借りる先の審査を受けなければならない。

教育ローン

学校の入学金や授業料など教育で必要な費用のために利用するローン。

住宅ローン

家を買うために利用するローン。お金が返せなくなったときには、買った家を差し出さなければならない。

低い

カードローンは金利が高く、いつの間にか借金がふくらんでいる可能性があり、とても危険だよ！

こわ～い 自己破産

無理なローンやクレジットカードの使いすぎで、お金が払えなくなり、破産する人が増えているんだ。破産とは、全財産を失うことだよ。財産の中には自分自身の価値や信用もふくまれていることもおぼえていてほしい。破産することを自己破産といい、カードの使いすぎによる破産をカード破産というよ。どんなカードの使い方をすると破産してしまうのか、破産するとどうなるのか知っておこう

自己破産への道のり……

返せないほどの借金ができ、裁判所で返せないということが認められると自己破産となります。

❶ 借金で借金を返す多重債務

借金がふくらむ原因としてよくあるのは、返済のためにお金を借りる場所を増やし続けること。クレジットカードで考えると、1枚目のクレジットカードで使ったお金を返すために、2枚目のカードをつくって借金し、さらに……と、増えていくこと。

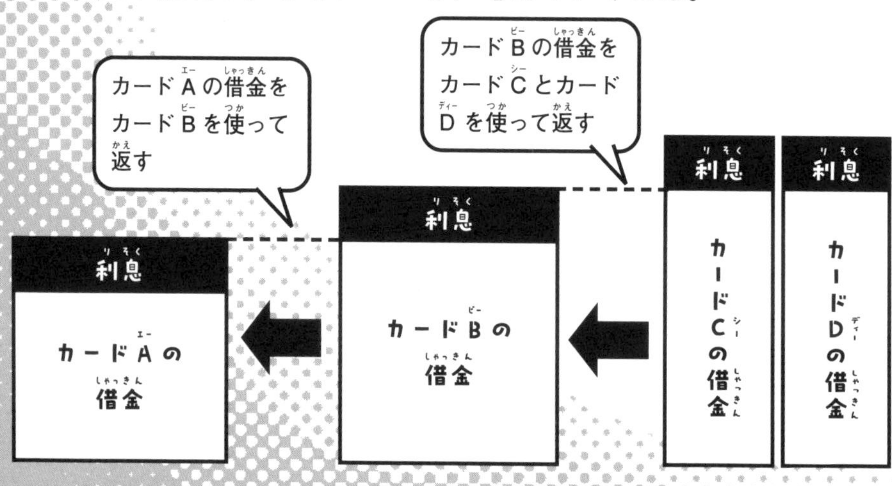

❷ あらゆるものを失う自己破産

借金がどうしても返せない場合、裁判所に自己破産の申し立てをします。裁判所は、借金をした人の状況を調べて、お金を返すことができないと判断すると「破産手続き開始の決定」をします。破産が決定した人は「破産者」とよばれ、もっている財産のうち、生活に最低限必要なもの以外はすべてお金にかえられて借金返済に使われます。自己破産の内容は、すべての借金がふくまれるため、住宅ローンは払うから家は残したい、ということはできません。

自己破産をすると……

- ほとんどの財産が借金を返すことに使われる
- 財産を使って返しても残ってしまう借金はなしとなる
- 政府が発行する官報という紙に名前が出る
- 個人信用情報機関に支払いの滞りなどの情報が登録される

個人信用情報機関に支払いの滞りや支払いが遅れたといった悪い情報がのることを「ブラックリストにのる」というよ。ブラックリストにのると、金融機関から信用されなくなり、ローンやクレジットカードの審査が通りづらくなるんだ

人の借金が自分の借金に!?　連帯保証人に注意

ローンを利用するとき、借金を返す保証をする人「連帯保証人」が必要なことがあります。連帯保証人は、借金をした人がお金を返せなくなった場合、かわりにお金を払わなければなりません。たとえ、借金をした人が自己破産して借金を返せなくなっても、連帯保証人は返さなければならないのです。友だちや知り合いに頼まれても、連帯保証人にはならないようにしましょう。

コラム 知って得する！

もらえる奨学金「給付型奨学金」

学費を支援してくれる制度はいろいろありますが、特にお得なのはもらえる奨学金「給付型奨学金」です。奨学金としてお金をもらうことができるため、あとで返す必要がないのです。

給付型奨学金を受けられる条件

給付型奨学金を行っている団体ごとに受けられる条件はかわりますが、おもな基準は３つ、①学力基準　②家計基準　③資産基準があります。

①学力基準

学ぶ意欲があること。団体によっては、通知表の５段階評価で、3.5以上など、一定以上の学業成績が求められる。

②家計基準

自分（学生）と保護者（おもに父母）の合計収入金額で制度を受けられるかどうか、受けられたときにもらえる金額が決まる。

③資産基準

自分（学生）と保護者（おもに父母）がもっている資産の合計。資産には、現金、預貯金、株や投資の金額などがふくまれる。金額によって制度を受けられるかどうかが決まる。

給付型奨学金の見つけ方

給付型奨学金を行っている団体はたくさんあります。「決められた地域の学校に通っている学生」など範囲をしぼっているところもあります。インターネットで検索してみましょう。

調べてみよう！　給付型奨学金　企業

調べてみよう！　給付型奨学金　▲▲県

奨学金だけではなく、授業料や入学金が免除または減額される制度もあるから、調べてみよう！

第　章

お金を守る

お金を守るってどういうこと？
わたしのお金はだれかにねらわれている？
お金が減っていくワナがある!?

出ていくお金を減らしたい！

お金の最大の敵は自分！

　お金を使っているのは自分です。当たりまえですが、自分が使わなければお金は減りません。しかし、それでは生活できないですし、楽しくありませんね。まずは、お金の使い方を見直すために、お金の習慣について考えてみましょう。あなたは、どんなことにお金を使っていますか？　それは絶対に必要なものでしたか？　自分の傾向を知り、対策を立てることがお金を守ることにつながります。

ムダづかいをなくそう！

お金を守るためには、ムダに使われるお金をなくさなければなりません。どんなことでムダづかいをしているのか、調べましょう。そして、ムダづかいをなくす方法を見つけましょう。

おこづかい帳をつける

おこづかい帳をつけましょう。なにに使ったかわからないお金はありませんか？　おぼえていない出費にこそ、自分のムダづかいの傾向が隠されています。自分のお金がなにに使われたか、いくら残っているのかをきちんと知っておくことが、お金を守る第一歩です。

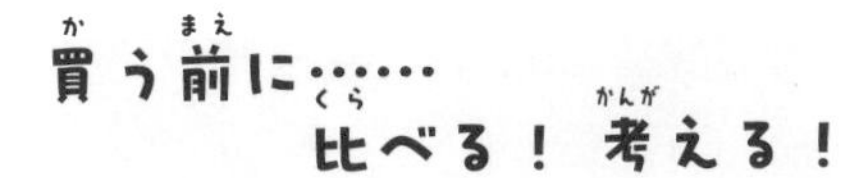

みんながもっているから、人気だからという理由で買いものをしていませんか？　それは本当に必要なものでしょうか？　同じようなもので安いものはないか比べたり、本当にいるか考えたりすることがムダづかいを防ぎます。

お金で友情にひびが！
友だちとお金のやりとりはしない!!

どんなに仲のよい友だちでもお金の問題が起こると、おたがいの気持ちがぎくしゃくして、よい友だち関係ではいられなくなる。友だちとの関係を大切にするなら、お金のやりとりはしないことだ！

「100円なら貸してあげる」はだめ！

「1,000円は貸せないけれど、100円くらいなら」と思う人はいませんか？　100円でも貸したほうは、しっかりおぼえているもの。もしあなたが100円を貸して、友だちに返してもらえなかったとき、「100円返して」といえるでしょうか。「お金を返して」という言葉をいうのは大人でも勇気がいります。返してもらえない100円を思って、ずっともやもやし続けるのはいやですね。逆に、自分が借りた100円をうっかり忘れていた場合、友だちは返してもらえない100円を思いながら、あなたと付き合うことになるのです。

かんたんに「お金を貸して」というのもやめよう！　自分がいわれたら、ことわりづらいよね。自分がいわれたくないことは、友だちにいわないことだ

「このカード、100円で売ってあげる」はだめ！

「▲▲ちゃんがほしがっていたカードだから、100円で売ってあげる」というのも、「〇〇くんがいらないなら、100円で買うよ」というのもだめです。友だちどうしでものを売ったり、買ったりするのは、やめましょう。おたがいに納得できる金額になっているか、本当に売ったり買ったりしたいとおたがいに思っているか、どれもしっかり確認するのはかんたんではありません。もしかたら、相手の子はほしくないといえずに買っているのかもしれません。また、本当は売りたいと思っていないのかもしれません。「なにか売りつけられるかも」「なにか買わされるかも」と思うような相手とは友だちでいられません。

お金をわたしたほうがよいときもある

どんなときもお金をわたしてはいけないわけではありません。たとえば、さいふをわすれて電車に乗れないなど、友だちがこまっているときは貸してもいいでしょう。また、こわい人に「お金を出せ」とおどされた場合、自分の身を守るためにお金を出しましょう。ただし、どんな場合も、だれ（どんな人）に、どこで、どうして、いくらわたしたかを親に伝えましょう。今後の生活で、友だちとなかよくするためにも、安心してすごすためにも、お金の問題やトラブルは大人に協力してもらい、解決することが大切です。

お金より、友情や命のほうが大切だ！

家のお金が世界中からねらわれている!?

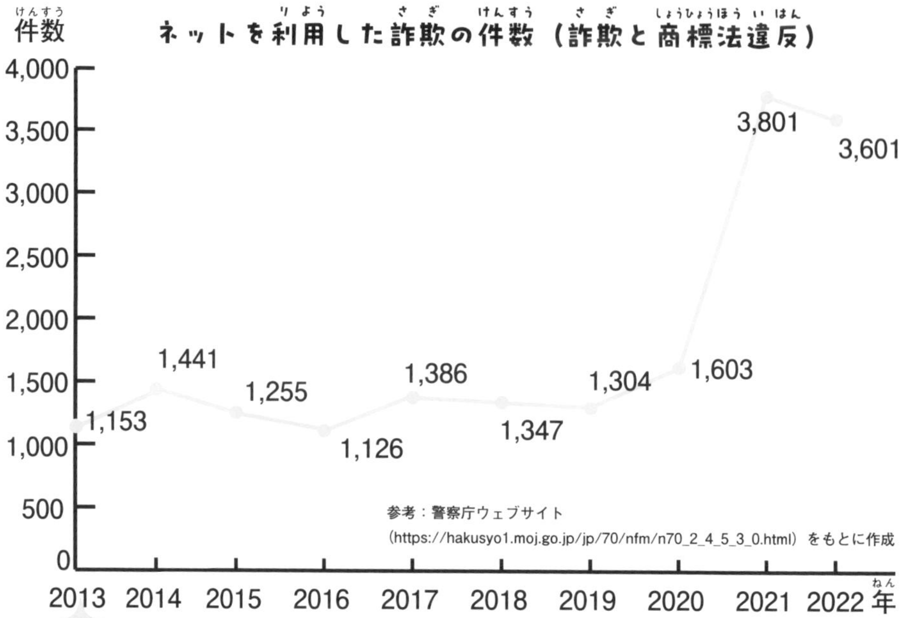

インターネットを通して世界中からねらわれている！

昔からお金をねらった犯罪はたくさんありますが、今はインターネットの発達で遠くからでも他人のお金をねらえるようになりました。インターネットのこわいところは、相手が見えないこと。悪い人でもインターネット上ではよい人のように見せかけることができます。そうして姿をいつわって、たくみにお金をうばおうとする犯罪が増えています。

インターネットを使った詐欺

インターネットを使った詐欺の形はいろいろ。悪い人がしかけていたワナに気づかずに自分から入ってしまうこともあります。だまされないためにも、どんな詐欺があるのか知っておくことが大切です。

フィッシング

銀行や配達業者を装って、ショートメッセージやメールにURL（ホームページの住所）などをはりつけたメールを送ってくる。

→URLをおしてしまうと……

にせのホームページへとび、銀行の情報やクレジットカードのID、パスワードなどを入力させられたり、パソコンやスマートフォンにウィルス（マルウェア）を入れられたりする。

→その後、どうなる？

銀行口座からお金を引き出されたり、インターネットで勝手に買物をされたりする。また、マルウェアに感染すると、スマートフォンに登録された電話帳の情報がぬすまれたり、自分のスマートフォンがフィッシングのメールの発信源に使われたりする。

ネットショッピング詐欺

有名なショッピングサイトに似たサイトをつくって商品の販売をしている。人気の商品を安い値段で出している。

→そこで商品を買ってしまうと……

お金を払ったのに商品が届かなかったり、にせものの商品が届いたりする。

日本語がおかしい、支払い方法が銀行ふりこみのみで個人名口座、販売会社の住所や電話番号などの連絡先がない、というようなサイトでは買わない！

詐欺の形はさまざま！
向こうからやってくるものはすべて詐欺とうたがう！

お金をだましとろうとする人たちはとても上手に近づいてきます。有名人になりすましたり、銀行の名前を使ってメールを送ってきたり……。見やぶるのはむずかしいことです。向こうから近づいてきたものについては、一人で判断せず、信頼できる大人に相談しましょう。

SNSで流れてくる有名人の詐欺広告
□□流　もっとも増やせる投資方法！

○○銀行からのお知らせです。口座情報を確認しております。こちらのURLからご確認ください。
銀行やクレジット会社からのメールや
宅配業者からの不在通知（フィッシング）

知っている銀行や会社の名前であってもURLをおしてはだめ！

家まで商品を売りにくる人

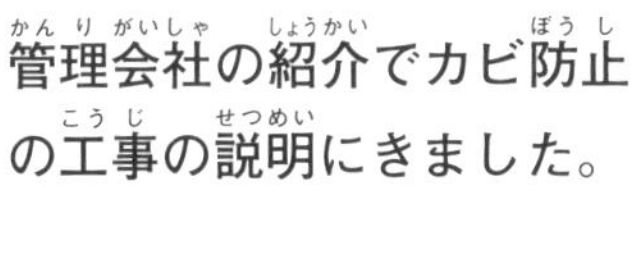

管理会社の紹介でカビ防止の工事の説明にきました。

国や市町村の名前を使った電話

▲▲市役所です。健康保険料の還付があります。

お荷物をお届けにあがりましたが、不在でした。下記よりご確認ください。(URL)

中には、友だちや知り合いがだまそうと近づいてくることもあるぞ

お金をぬすまれた！ どろぼうがつかまったら返ってくる？

返ってこないことが多い！

ぬすまれたお金は返ってこないと思ったほうがよいでしょう。どろぼうがつかまると、裁判が行われます。裁判は大きく刑事裁判と民事裁判に分かれています。

刑事裁判は、罰を決めますが、その中に「窃盗したお金を返金しなければならない」という規定はありません。

民事裁判では、どろぼうはお金を返さないといけないと決めることができます。しかし、裁判官や警察官がお金をとりかえしてくれるわけではありません。そのため、お金が返ってこないことが多いのです。

悪い人に銀行から引き出されたお金は返ってくることが多い！

通帳と印鑑、またはキャッシュカードをぬすまれたり、にせもののキャッシュカードを使ったりして銀行からお金を引き出された場合、銀行が全額または一部を負担してくれます。ただし、ぬすまれたほうの不注意が原因でお金を引き出された場合、銀行はお金を負担してくれません。

ぬすまれたほうの不注意（過失）とされること

暗証番号をだれかに教えた

暗証番号をカードに書きこんでいた

生年月日や住所、電話番号、自動車ナンバーなどを暗証番号にしていた。そして、保険証、運転免許証など身分証といっしょにもち歩いたり、保管していた

だれかに通帳などをわたした

通帳などを人の目につきやすい場所に置いていた

通帳と印鑑をいっしょに保管していた

など

通帳と印鑑は離して保管しよう！

暗証番号は、誕生日や住所など個人情報から予想できるものにしてはだめだよ

クレジットカードが不正利用されていないか確かめよう！

クレジットカードは、カードがぬすまれたり、にせものをつくられたりしなくても、悪い人に勝手に使われてしまう危険があります。それはカード情報をぬすまれるから。インターネットやお店で買いものをしたときにクレジットカードに書かれた番号などをぬすまれることがあるのです。情報をぬすまれるのは気づくのが遅れがち。将来、クレジットカードを使ったときには、買いもの内容がわかる利用明細書をこまめに確認しましょう。

利用明細の確認が、クレジットカードのトラブルや不正な利用などを早く見つけるカギになる！

利用明細書の確認方法

利用明細には、インターネット上で確認する電子明細と、利用額が書かれた紙が送られてくるものがあります。電子明細の場合は週に１回などこまめに、紙で届くものは受け取ったらすぐに確認しましょう。自分が買いものをしたときにもらう売り上げ票（お客様ひかえ）と見比べて、売り上げ票と異なる金額や、利用したおぼえのないことがあった場合は、すぐにクレジットカード会社に連絡してください。

カードを利用すると、電子メールなどに利用通知がくるサービスを提供しているクレジットカード会社もあるよ

利用明細書のここをチェック！

支払日

銀行からお金が引き出される日（口座振替日）と、引き出される金額。この日の前日までに、口座に支払金額以上のお金を入れておく。

カードの契約内容

カードが使える内容、金額。

※お金を借りるキャッシング枠のないカードもある。

支払い指定口座

お金を引き出される口座。

内容

利用日、利用場所、金額、支払方法などが書かれている。使った内容、金額などが正しいか確認する。

20××年▲月□日

ご利用代金明細書

〇〇〇-〇〇〇〇
埼玉県さいたま市〇〇〇〇
佐藤　太郎　様

Moneカード株式会社
東京都中央区日本橋
〇〇〇〇〇〇
TEL　03-〇〇〇〇-〇〇〇〇

お支払日	20〇〇年△月◉日
お支払額合計	17,668円

カード種別	一般
カード名称	Moneカード
カード番号	****-****-****-****

カードご利用可能枠	
ショッピング	50万円
内　割賦枠	50万円
内　リボ払い	30万円
キャッシング	30万円

金融機関	▲▲銀行
支店	□□支店
科目	普通
口座番号	*******

ご利用年月日	ご利用場所	ご利用額	支払区分	今回お支払額（内手数料、利息）	
××　04　15	Nemo電気	50,000	リボ払	10,532(532)	
××　04　18	XYZネット	20,000	分割払(5)	4,136(136)	
××　04　20	ABストア	3,000	1回払	3,000	

ご利用額合計	73,000	お支払額合計	17,668

チェック内容

①日付があっているか

②お店があっているか

③値段があっているか

第3章
お金を守る
投資でお金を減らしたくない！

この株が上がる！

少ない金額で長く続けて、知識を身につけよう！

投資はどんなものでもお金が減るリスクがあります。でも、少しずつ投資の知識を身につけていけば、失敗をさけることができます。まずは、100円など少ない金額から投資をはじめてみましょう。投資をはじめれば、投資に関することに興味が出てきます。ニュースや新聞、著名人の発言など、たくさんの情報にふれているうちに、自分で考えられるようになります。そして、投資は長く続けることが大切です。長く続けるほど、知識も増えていくため、投資先も自分で考えて選べるようになり、成功する確率が高まります。

世の中にあふれる情報をうたがう！

インターネットやテレビなどを通して、投資についてたくさんの情報を手に入れることができます。しかし、どれも絶対に正しいものとはいえません。発言している人が調べて考え、予想したことでしかないのです。

理解できない情報、知らない人にはお金を出さない！

SNSで流れてくる情報やもうけ話はうそをうたがいましょう。インターネットの向こうにいる人は知らない人です。どんなにお得そうな話であっても、有名人がいっていたとしても、信用してお金を出してはいけません。

むずかしい言葉を使って、本当にもうかるかのような話をされても、なにをいっているのかが理解できないなら、その話にのったらだめだよ。

若者をねらう投資詐欺

大学生になると、もっているお金の金額が増えたり、クレジットカードが使えるようになったりします。そうすると、そのお金をねらった人が近づいてきやすくなるのです。SNSから知り合いになった人、友だちから紹介された人などよく知らない人から投資の話を聞かされ、お金だけとられる詐欺が増えています。「もうかる話があるよ」はうそだと思いましょう。

失敗しづらい投資先はどうやって見つける？

投資では、「ハイリスク・ハイリターン」「ローリスク・ローリターン」という言葉がよく使われます。リスクは危険という意味ではなく、お金の動く幅（変動幅）をさします。リスクが高い（ハイリスクな）投資先は、たくさんお金を得られるかもしれないし、大きく損をするかもしれないということです。リスクの高さは自分で判断しなければなりません。投資先の業績や景気、金利から、政治や天候、災害までいろいろなことが影響してきます。まずは、毎日、新聞などを見て株などの数字がどんな風に動いているかを調べるようにしましょう。

注目！ 金融商品別リスクとリターンの目安

預金、債券、投資信託、株式といった金融商品ごとのリスクとリターンの関係は、以下の表のように考えられる。大きく全体をとらえたイメージ図のため、必ずこの通りとは限らないが、金融商品の特徴としておぼえておこう！

ローリスク（危険が少なく）・ハイリターン（たくさんお金を得られる可能性がある）という商品はないよ！

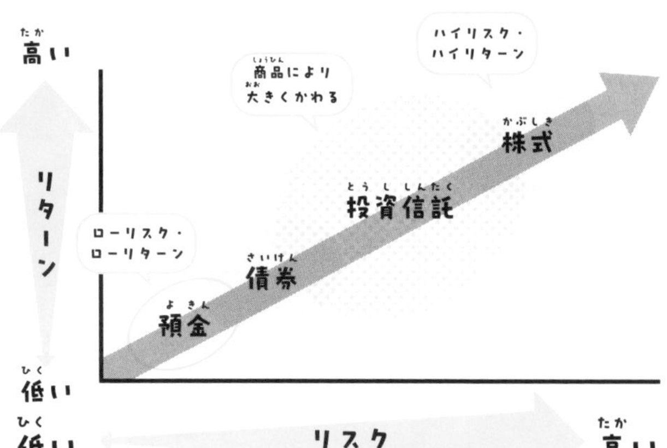

100円投資でプロの人の話を聞く

投資信託でみんなから集めたお金を運用する人を「ファンドマネージャー」といいます。ファンドマネージャーがどのように運用しているのかを聞くと市場の動きや投資戦略などの参考になります。投資信託によっては、投資をすることで、そこのファンドマネージャーの話を聞けるものがあります。投資は100円からできます。プロの人たちの話を聞き、分析力をあげましょう！

金融商品を評価した資料に注目！

金融商品によっては、リスクが高いか低いか判断するための基準を出しているものもあります。投資をする前に、見ておきましょう！

注目！ 債券の格付け

格付けは、その債券が約束通りに利息を払ったり、債券のお金が返される償還期限（満期日）にきちんとお金を返してくれるのかを示している。格付けとは、その債券を発行している企業や政府の信用リスクを評価したもので、利益をどれだけ出せるかではなく、債券がどれだけ安全なのかが確認できる。

利回り	格付け	信用度
低い	AAA（トリプルエー）	高い
	AA（ダブルエー）	
	A（シングルエー）	
	BBB（トリプルビー）	
	BB（ダブルビー）	
	B（シングルビー）	
	CCC（トリプルシー）	
	CC（ダブルシー）	
高い	C（シングルシー）	低い

調べてみよう！　日本格付研究所　格付け一覧

お金のトラブルはどこに相談したらいい？

警察、法テラス、消費者庁の専用窓口へ相談

お金に関するトラブルが起きたら、警察や、国がつくった機関の「法テラス」、消費者庁の専用窓口「消費者ホットライン」へ連絡して相談しましょう。それぞれの場所に専門家がいて、「お金をぬすまれた」「インターネットで買いものをしたらにせものが届いた」「知り合いにだまされてお金をとられた」など、いろいろなお金に関するトラブルの相談にのってくれます。

警察、法テラス、消費者ホットラインってどんなもの？

警察は法律をやぶるような悪いことに対して対応してくれます。お金をぬすまれたり、詐欺にあったときなどに連絡します。法テラスは、法律に関わるような問題（法的トラブル）について相談にのってくれます。どのようなことが法的トラブルかわからないことも多いため、どこに連絡したらいいかでこまったら、法テラスに電話してみましょう。よりくわしい人の連絡先を教えてくれます。そして、消費者ホットラインは商品やサービスの購入に関するトラブルについて相談を受け付けています。

お金のトラブル相談連絡先

警察　相談専用電話
電話番号：#9110

法テラス・サポートダイヤル
電話番号：0570－078374

消費者ホットライン
電話番号：188

番号を言葉にすると
おぼえやすいね！

教えて！

インターネットを使った詐欺はどこに相談する？

インターネットを使った詐欺は、警察のサイバー事案の相談窓口に連絡しよう！　インターネットの専用サイトで通報、相談、情報提供を受け付けているよ。

調べてみよう！

サイバー事案に関する相談窓口

コラム　知って得する！

やぶれたお札はお金として使える？

やぶれたり、よごれたりしたお札は日本銀行へ行くと交換してくれます。日本銀行は本店と支店があります。本店は東京都中央区、支店は全国32か所にあり、本店と支店のどこででも交換してくれます。ただし、やぶれたお金の大きさによって、交換してくれる金額がかわってくるので注意しましょう。

やぶれたお金のサイズと交換後のお金

全体の2/3以上が残っている→全額

全体の2/5以上2/3未満が残っている→半額

全体の2/5未満しか残っていない→0円

支店の探し方

日本銀行の支店は、全都道府県にあるわけではありません。お金の交換は、郵送では行っていないため、近くの支店を探して直接いきましょう。

第　章
お金のきほん

大人になったらどのくらいお金を使える？

税金ってなにに使われているの？

お金にこまったら、国が助けてくれる？

大人はどのくらいお金をもっているの？

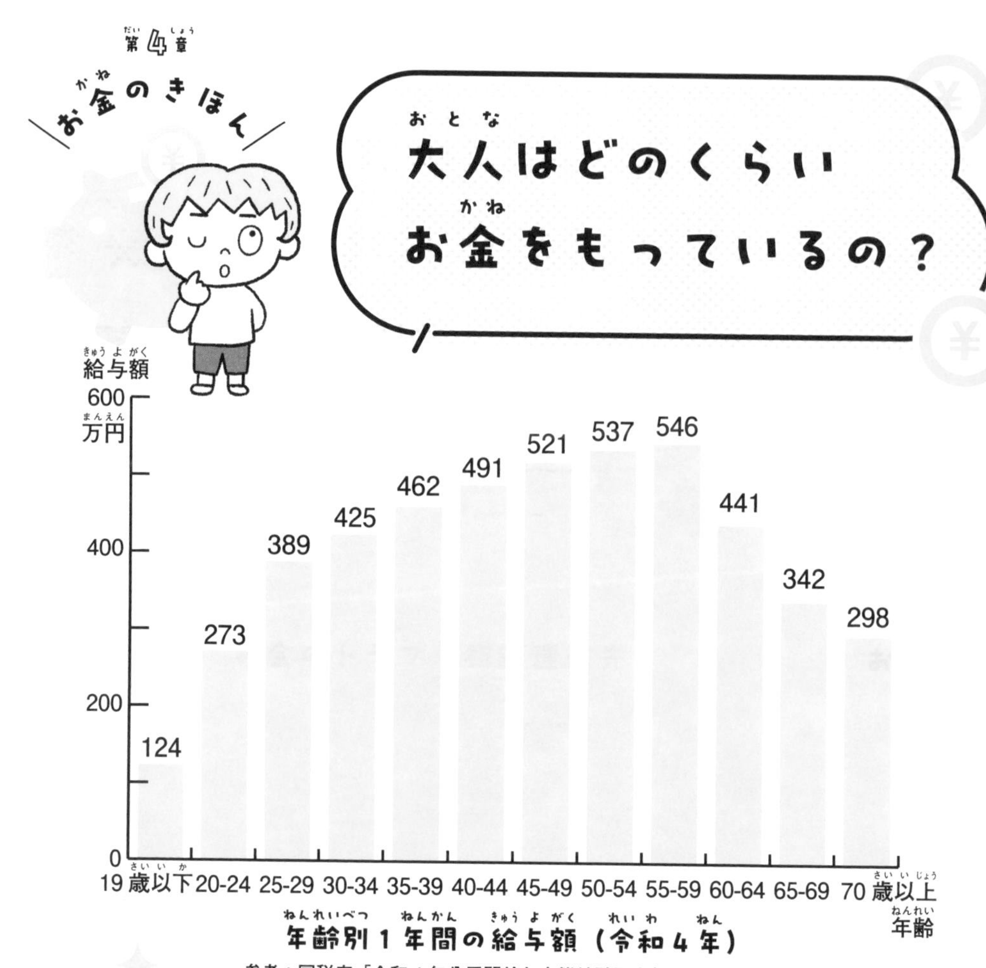

年齢別1年間の給与額（令和4年）

参考：国税庁「令和4年分民間給与実態統計調査」をもとに作成

1年間の給与の平均は458万円

国税庁が調べた「令和4年分民間給与実態統計調査※1」によると、1年間の給与（年収）の平均額は458万円でした。調べた対象の人の平均年齢は47歳、平均勤続年数（1つの企業で働き続けた年数）は12.7年でした。年齢別に見ると、55～59歳が一番高く、19才以下が一番低いことがわかります。さらに給与別の分布を見ると、年収400万円以下の人が51.1％で、平均年収よりも少ない収入の人が多数をしめていることがわかります。

※1　民間給与実態統計調査は、毎年、国税局が行っている調査で、民間の会社の年間給与について、会社の大きさ、働いている人の年齢など、いろいろな視点から調べている。

働き出してからもらうお金のかぞえ方は3通り

会社に就職し働くようになると働いた分のお金をもらいます。よく聞く言葉は「給料」ですが、実際には「給与」「所得」「手取り」の３つの言葉を使います。会社が支払うお金には、毎月決まった金額の基本給と、働いた内容や会社の考えによってかわるさまざまな手当があります。給料は、基本給だけをさす言葉です。

給与

働いたことに対して、会社から支払われるすべての対価。毎月支払われる給与、手当のほか、ボーナス（賞与）やアルバイト代も給与。

手取り

実際に受け取る金額のこと。給与から税金や保険料などを引いて（控除して）いる。

所得

１年分の給与から「給与所得控除※２」というお金を引いた金額で、所得税の基準となる。給与所得控除は、年収によって金額が決められる。

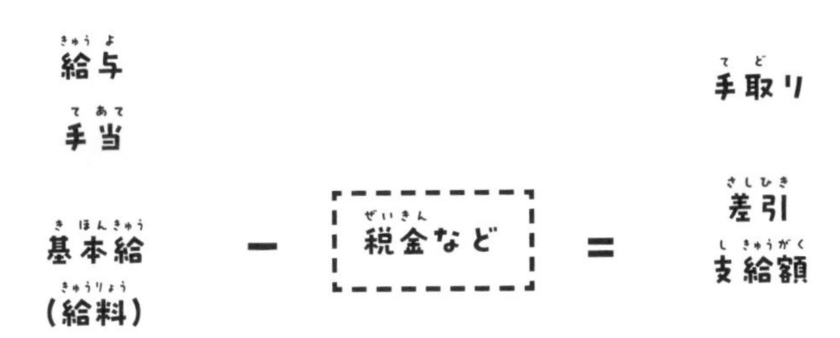

※２ 給与所得控除とは、仕事で必要なことに使ったお金のこと。会社員の場合、金額がはっきりしないが、仕事用の服やバック、筆記用具など自分で買っているだろうと考えられていて、「給与所得控除」が認められている。

どのくらい税金などで引かれるの？

給与から差し引かれる税金や社会保険の割合は 15~25% ほどです。おおまかに計算するときは、給与の 80% が手取りになると考えて、給与× 0.8 で計算するといいでしょう。くわしくは、毎月の給与や税金、手取りなどの金額が書かれた給与明細に書かれています。

給与明細を見てみよう！

勤怠　働いた時間や休んだ時間、残業時間などが書かれている。

支給　基本給、時間外手当や通勤手当など会社から支給される給与について書かれている。

控除額　税金や保険料など、給与から引かれるお金について書かれている。

集計　総支給額が給与、総控除額が引かれるお金、差引支給額が手取り。

勤怠	就業日数	出勤日数	欠勤日数
	21	21	0
	労働時間	残業時間	深夜時間
	168:00	0:00	0:00
支給	基本給	残業手当	深夜労働手当
	328,000	0	0
		役職手当	資格手当
		0	20,000
控除	健康保険料	介護保険料	厚生年金保険料
	18,000	3,276	32,940
	所得税	住民税	
	8,250	17,100	
集計	総支給額	総控除額	
	361,510	81,735	

引かれているお金にはどんなものがある？

社会保険料

雇用保険料、健康保険料、厚生年金保険料、介護保険料です。これらは、会社をやめたり、病気になったり、歳をとったりして働けなくなったときのために払うお金です。この保険料を払っていることで、病院代が安くなったり、年金がもらえたりします。

税金

所得税と住民税です。社会のために払うお金です。所得税は国に、住民税は住んでいる場所に払います。きれいな水が出るのも、道路がきれいに整備されているのも、ゴミをきちんと集めてもらえるのも、こうした税金のおかげです。

就職するときによく見かける「給与」は、保険料や税金が引かれる前の金額なんだ。給与と手取りの金額がちがうことを知っておくと、お金の管理がしやすくなるよ！

特別休暇日数	有給休暇日数	有給休暇残日数
0	3	7
休日労働時間	遅刻早退時間	
0:00	0:00	
休日労働手当		
0		
通信費		非課税通勤手当
5,000		8,510
雇用保険料		
2,169		
		差引支給額
		279,775

生きていくために必要なお金はいくら？

住宅の購入費
約3,719万円

参考：住宅金融支援機構
「2022年度フラット35利用者調査」より
建売住宅の場合

学校など教育費
約817万円
＊高校まで公立、大学は国立4年生の場合

高校まですべて私立、大学も私立の4年生の場合、約2,235万円になる

参考：文部科学省
「令和3年度子供の学習費用調査」
「国公私立大学の授業料等の推移」

老後の生活費
毎月約25万円

参考：総務省統計局 2022年
「家計調査年報（家計収支編）」

一生に必要なお金は約3億円！

一生のうちで使うお金は約3億円になるといわれています。人生の3大支出といわれているのが、住宅費、教育費、老後の生活費。この3つは、金額が大きいので、働くようになったら計画を立てて貯めていかないといけません。

毎日の暮らしでかかるお金はいくら？

住宅の購入など大きなイベントではなく、毎日の暮らしでかかるお金はいくらなのでしょう。みんなのちょっと先の未来かもしれない、ひとり暮らしでかかる1か月の生活費を見てみましょう。

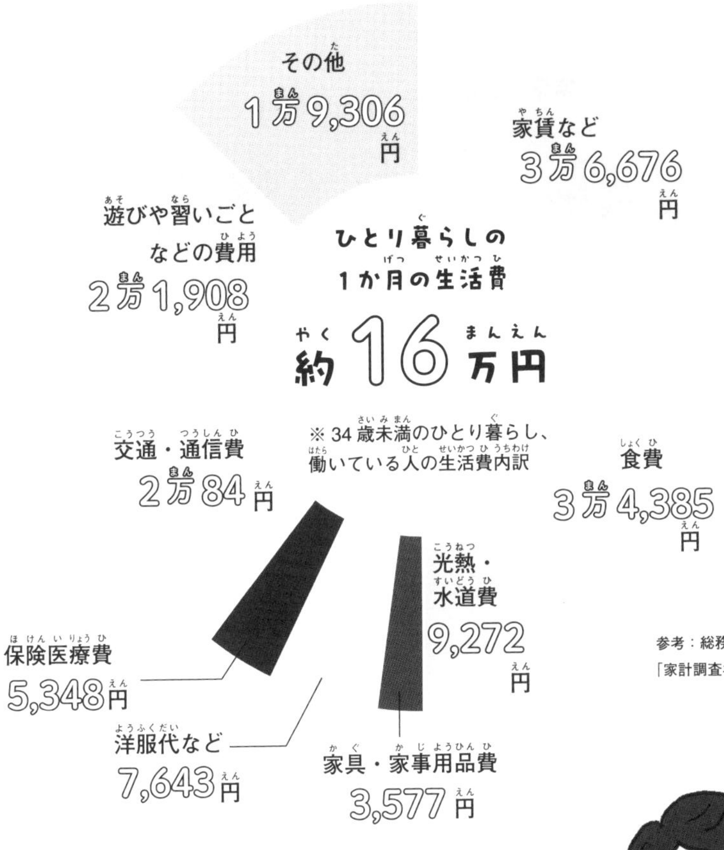

ひとり暮らしの1か月の生活費

約16万円

※34歳未満のひとり暮らし、働いている人の生活費内訳

その他 1万9,306円

家賃など 3万6,676円

遊びや習いごとなどの費用 2万1,908円

交通・通信費 2万84円

食費 3万4,385円

光熱・水道費 9,272円

保険医療費 5,348円

洋服代など 7,643円

家具・家事用品費 3,577円

参考：総務省統計局 2022年「家計調査年報（家計収支編）」

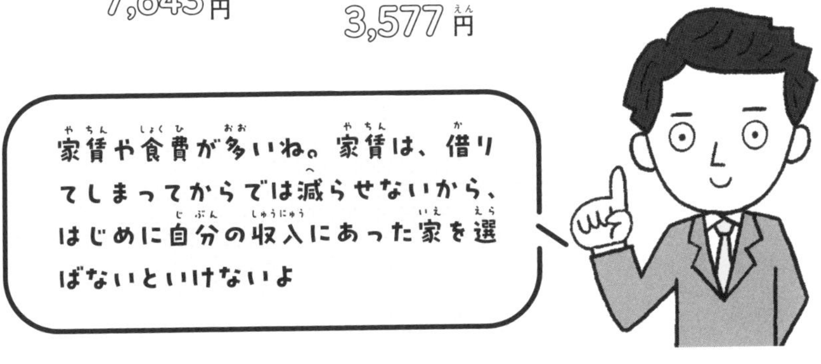

家賃や食費が多いね。家賃は、借りてしまってからでは減らせないから、はじめに自分の収入にあった家を選ばないといけないよ

自分のライフプランをつくろう

自分の生活に落としこんで、どのくらいのお金が必要か考えてみましょう。学生の間の金額は、学費など教育にかかるお金です。社会人になってからの金額は、1か月にかかる費用です。ただし結婚する年齢や、仕事をやめる年齢によって必要なお金はかわってきます。

＼◯の中に年齢を入れてみよう！／

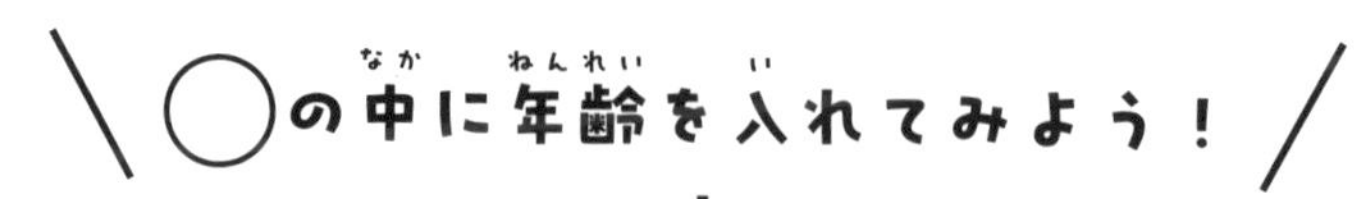

大学までの学費
817万円
＊高校まで公立、大学は国立4年生の場合

ひとり暮らし
1か月の生活費
約16万円

22歳

教育費はすべて公立と国立の学校へ通った場合の金額だよ。自分の年齢や、進もうと思っている学校を入れると必要な教育費を計算してくれるサイトがある。自分の場合はいくらになるのか試してみよう！

＼調べてみよう！／

日本政策金融公庫　教育資金はいくら必要？　かかる目安額

参考：総務省統計局 2022 年「家計調査年報（家計収支編）」
参考：文部科学省「令和 3 年度子供の学習費用調査」「（参考 2）国公私立大学の授業料等の推移」

具体的にやりたいことを考えよう！

ざっくりライフプランをつくったら、次は具体的にやりたいことを考えてみましょう。たとえば、大学で海外留学がしたい、車をもちたい、大好きな遊園地の年間パスポートを買うなど、なんでもかまいません。目標を明確にすることで、お金をかせぐ、増やす、守るための行動がより具体的になります。

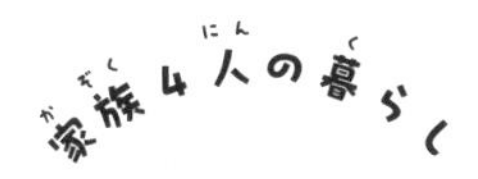

1か月の生活費
約33万円

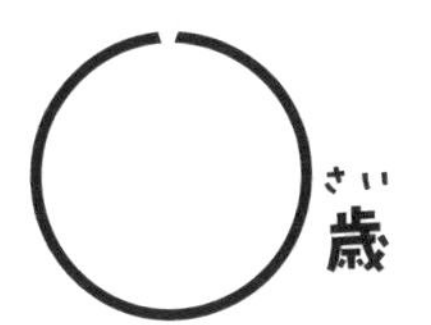

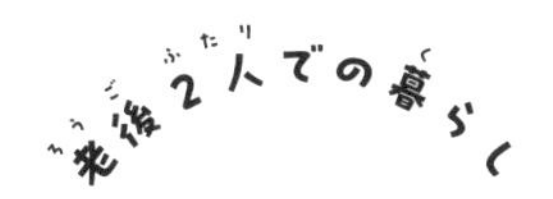

1か月の生活費
約25万円

将来、やりたいことを実現するためにいくら必要なのかを知っておくと、そのためにやるべきことが少しずつ見えてくるよ！

コラム もっと知りたい！

かせげる仕事ってなに？

国税局という国の機関では、毎年、民間の会社の給与について、さまざまな視点から調べています。

電気・ガス・熱供給・水道業が一番高い！

業種とは、企業が行っている仕事（事業）の種類のこと。国税局が出している業種別の平均給与を見てみると、もっとも年収が高いのは、電気・ガス・熱供給・水道業でした。これらはインフラ（生活に欠かせない設備）をあつかう業種で、景気に左右されず、大企業も多いため、給与が高いようです。

業種別の平均給与（年収）

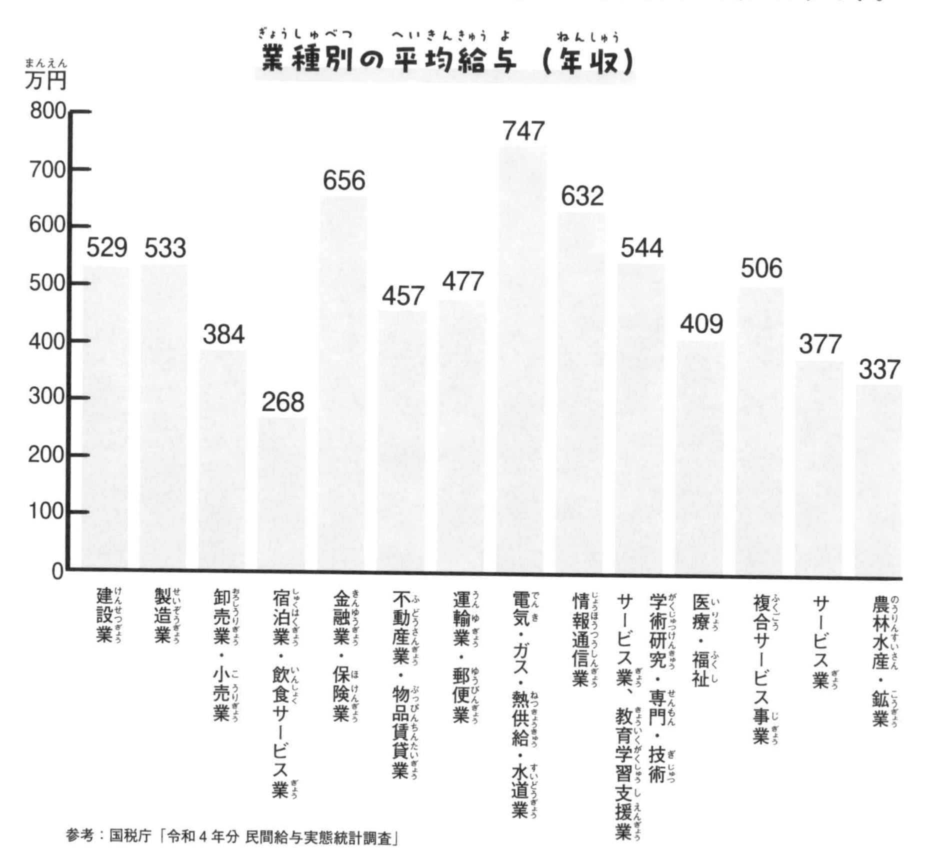

参考：国税庁「令和4年分 民間給与実態統計調査」

給与は上がる？

給与の変化をあらわしたグラフを見ると、年々上がっているように見えます。しかし、ものの値段はそれ以上に上がっていて、生活に必要なお金を考えたとき、給与が十分上がっているとはいえません。

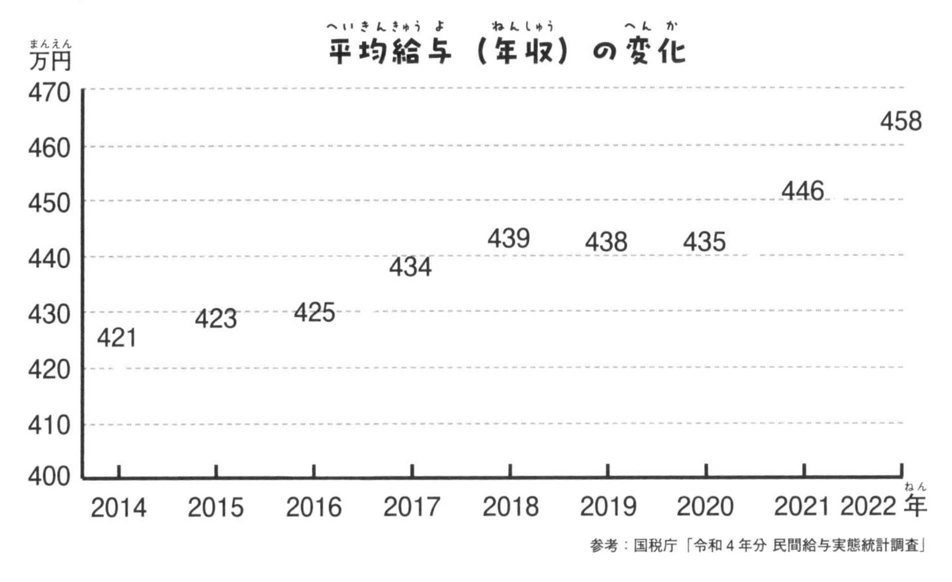

参考：国税庁「令和４年分 民間給与実態統計調査」

給与を上げるための戦い!?　春闘

毎年２月ごろに行われる「春闘」。正しくは、「春季生活闘争」といいます。新年度がはじまる４月に向けて、労働者がつくった組織「労働組合」が労働条件について、経営者に希望を出して、交渉する戦いです。交渉内容のメインは、給与アップ！　そのほか、労働時間や働きやすさなども交渉しています。

みんなが払っている税金ってどんなもの？

国が安定してお金を集められる消費税

消費税を導入する前は、給料やかせいだお金から集める所得税と企業から集める法人税が税金の中心でした。しかし、それでは働いている人ばかりに税金の負担がかかってしまいます。さらに、国民が高齢化している日本では、働いている人の数が少なくなっているため、税金が減ってしまうおそれがあります。そこで、だれからでも税金を集められる消費税が導入されました。消費税は、特定の世代に負担が集中しない公平な税制度とされ、会社が払う法人税や給与から払う所得税と比べて税金額が景気に左右されにくいため、安定した財源なのです。

税金はなにに使われる？

税金はみんなの生活を支えるために使われています。たとえば、警察署や消防署の活動、ゴミの処理、市役所の仕事、学校や公園、道路や橋、ダムの整備などです。そのほか、洪水や地震などの災害、戦争が起きたときに国を守ってくれる自衛隊の費用に当てられたり、国の借金を返したりするためにも使用されています。

国から出ていくお金

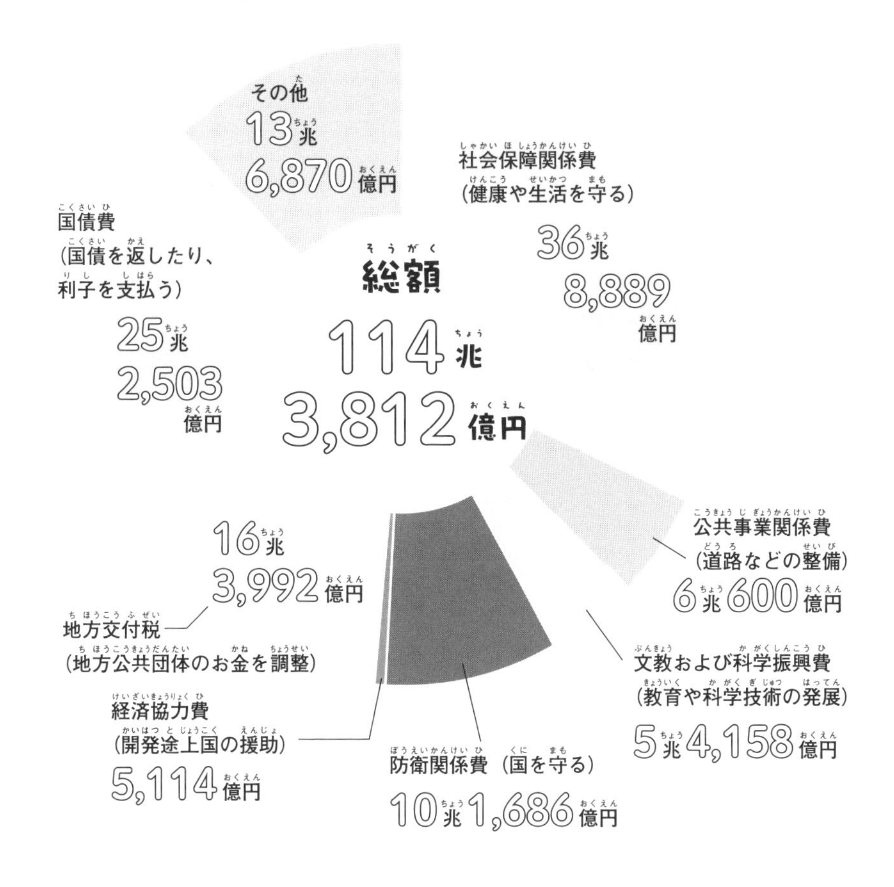

参考：国税庁「国の一般会計歳出額　内訳（令和５年度当初予算）」の一般会計歳出額内訳（令和５年度当初予算）

国が使えるお金は税金だけ？

国の収入源のうち約60％が税金です。税金の中には、みんなが払っている消費税、働いている人が払う所得税、会社が払う法人税など、いろいろなものがあります。

国に入ってくるお金

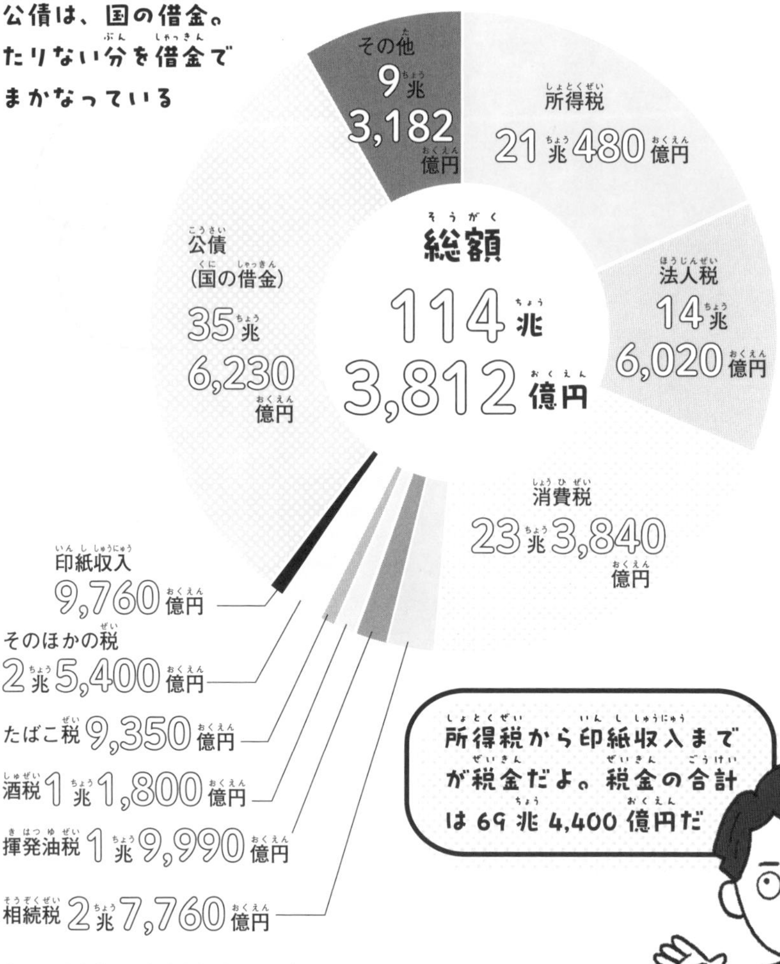

公債は、国の借金。たりない分を借金でまかなっている

総額 114兆3,812億円

所得税 21兆480億円

法人税 14兆6,020億円

消費税 23兆3,840億円

公債（国の借金） 35兆6,230億円

その他 9兆3,182億円

印紙収入 9,760億円

そのほかの税 2兆5,400億円

たばこ税 9,350億円

酒税 1兆1,800億円

揮発油税 1兆9,990億円

相続税 2兆7,760億円

所得税から印紙収入までが税金だよ。税金の合計は69兆4,400億円だ

参考：国税庁「国の一般会計歳入額　内訳（令和5年度当初予算）」

税金にはどんなものがある？

税金にはいろいろな種類があります。所得税や、法人税、相続税のような国に直接納めるのは直接税、消費税や酒税、たばこ税のような税を納める人と税金を払う人が異なるのは間接税といいます。その中でも、主な税金を紹介します。

国に払う税金

①所得税

個人の所得（給与など）にかかる税金。所得が多くなるほど、納める税金も多くなる。

②法人税

企業などの法人の所得にかかる税金。所得が多くなるほど、納める税金も多くなる。

③消費税

商品の販売やサービスの提供にかかる税金。商品を購入したり、サービスを受けたりした消費者がお店に払い、お店が国に納税する。

④相続税

人が亡くなった後、お金や土地などの財産を相続するときにかかる税金。相続した財産が大きいほど納める金額が大きくなる。

地方に払う税金

①住民税

個人が住んでいる、会社がある都道府県や市区町村に納める税金。

②自動車税

自動車を買うとき、もっている間、使うときにかかる税金。

特別高い消費税!?　個別消費税

お酒やたばこ、ガソリン（揮発油）など、特別にかかる消費税があります。これらを個別消費税といいます。一般的に、個別消費税はふつうの消費税に比べて高い税率になります。

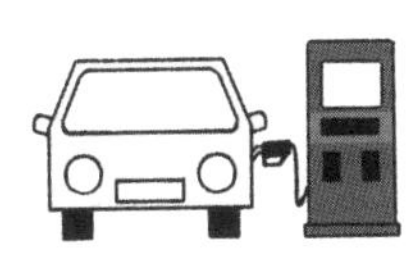

働けなくなっても年金があれば大丈夫？

年金だけでは月に10万円以上たりない!?

一般的に受給できる年金は、「国民年金」と「厚生年金」の2種類。厚生年金を受け取る夫婦2人分の年金額は1か月で約23万円、国民年金だけだと多くて約13万円です。老後の生活費は月に最低約23万円、趣味や旅行、友人や家族との付き合いを楽しみながら生活するために必要な生活費は約38万円といわれています。国民年金だけでは25万円、厚生年金があっても15万円もたりないのです。

国が運営している公的年金

公的年金とは、もしものときにそなえて、みんなで暮らしを支え合うという考え方でつくられた国が運営している制度です。国民年金（基礎年金）と厚生年金があり、65歳から受給できる年金は、一生涯受け取り続けられます。

働き方と暮らし方によって加入する年金が違う

国民年金は日本に住んでいる20歳以上60歳未満のすべての人が加入する制度で、自営業者や学生、無職や専業主婦の人などが対象です。それに対して、厚生年金は、厚生年金の制度に当てはまる勤務先でやとわれている会社員や公務員が対象です。厚生年金に加入している人は、自動的に国民年金にも加入しています。

1か月約9万
4,000円
会社員や公務員が
受け取れる
1か月約6万
8,000円
みんな受け取れる
厚生年金
国民年金
子どもは減り、高齢者は増えている
から、年金制度のルールがかわる
可能性があるんだ

年金はだれでももらえるの？

公的年金は、65歳になるとだれもが毎年もらえます。ただ、それにはひとつだけ条件があります。保険料を納付する期間と保険料免除期間※1を合わせた年数が10年以上あること。支給される年金額は、保険料を収めた年数や年金の種類によってかわってきます。

日本年金機構では、毎年誕生月に、年金を払った期間、払っていない期間など年金記録を書いた「ねんきん定期便」を送っているよ

年金の保険料って、決まってるの？

国民年金の保険料は決まっていて、1か月に1万6,980円（令和6年度）です。この保険料を20歳から60歳までの40年間払うとすべて納めたこと（満額）になり、65歳からは月額約6万8,000円の年金を受け取ることができます。

厚生年金の保険料は給料額の約2割で、企業と本人が半分ずつ負担します。そして、納めた保険料と収めた期間によって受け取る年金の額が異なります。

会社で働いていたら、会社も保険料を払ってくれるんだね

※1 お金がなくて保険料を納められないときは、免除申請ができます。承認されると受けとれる年金額は減りますが、受けとる資格はなくなりません。

年金は何歳からもらうとお得？

国民年金と厚生年金は、きほん65歳から受け取る（受給する）ことができます。しかし、65歳よりも早く受け取ったり、逆にうしろにずらしたりすることが可能です。それぞれ65歳でもらう場合と1か月当たりにもらう金額が異なります。支給される年金額は一度決まった金額が基準となり、物価などによって毎年少しずつ変動します。

65歳より早く受け取る
「繰り上げ受給」

60歳から受け取れる。受け取りはじめる時期によって、65歳から受け取る年金額に比べて少なくなってしまう。

65歳よりあとで受け取る
「繰り下げ受給」

75歳まで受け取る時期をずらすことができる。この場合、65歳で受け取る年金よりも多くなる。

繰り上げ受給

1か月早く受給すると、1か月当たりに受け取る金額が0.4%減る

きほん通り

65歳から受給すると金額はかわらない

繰り下げ受給

1か月遅らせて受給すると、1か月当たりに受け取る金額が0.7%増える

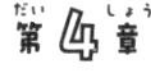

こまったときは、国が助けてくれる？

社会保険にいつも助けられている！

小学生の病院代が安くすむのは、国や各地域が行っている社会保障制度のおかげです。社会保障制度とは、日本に住んでいる人たちが安心して暮らせるように、一生涯にわたって支える制度。この制度の大部分をしめているのが社会保険。社会保険は、病気やけがなどでこまっているときに助けてくれる制度です。社会保険には、きほん、日本に住んでいる人は、全員入らなければなりません。きちんと支払わないと、病気やけがなどでこまったとき、サービスを受けられません。

社会保険が助けてくれること

病気やけがなど、生活にこまる場面で社会保険が使えます。保険によっては、自分で申しこまないとお金をもらえないものもあります。どんな保険があるのか知っておくことが大切です。

社会保険が使える場面と内容

※ 2024年5月現在の内容です。制度の内容やルールはかわることがあります。

	制度の名前	内容
病気・けが	医療費	きほん、小学校入学までは2割、小学校入学～70歳までは3割、70歳～75歳は2割、76才以上は1割を病院で支払えばよい
	高額医療費	病院や薬局などに払う医療費が一定の金額以上になったときにもらえるお金。対象となる金額は年齢や所得によってかわる
	傷病手当金	病気やけがのために3日以上続けて働くことができず、会社から十分な給料をもらえない場合、保険料を払っている本人やその家族の生活を守るためにもらえるお金。働いている人の1日分の給料の3分の2がもらえる
出産	出産手当金	妊娠している女性が出産のため、産前42日～産後56日までの間に会社を休んだ場合、1日分の給料の3分の2がもらえる
	出産育児一次金	赤ちゃんが生まれたときに50万円もらえる
死亡	埋葬料（葬祭費）	保険を払っている本人やその家族が死んでしまった場合、お葬式のために5万円もらえる
介護	介護サービス	訪問介護やデイサービスなど介護サービスを安く受けられる
	高額介護サービス費	介護サービス料が一定の金額以上になったときにもらえるお金。対象となる金額は所得によってかわる

生活にこまったときに助けてくれる「生活保護」

家族の収入だけでは国が定める生活に必要な金額（最低生活費）に満たない場合、生活保護という制度でお金の支援を受けられます。この制度は生活保護法という憲法が定めた制度で、社会保険への加入に関わらず申しこめます。生活保護の相談、申しこみは、地域にある福祉事務所の生活保護担当が受け付けています。

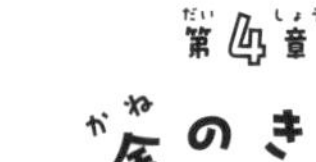

保険会社の保険は入ったほうがいいの？

入ったほうがいい保険もある

保険とは、今後起こるかもしれないリスクに備える手段のひとつです。病気、死亡、火災など、未来のリスクに備えて、人々が保険料を払い、被害にあったときに決められた保険金を受け取ることができるというシステム。保険に入ることで、なにかあったらどうしようという不安を弱めることができます。しかし、たくさんの保険に入るとそれだけお金がかかってしまいます。本当に必要な保険を選んで入ることをおすすめします。

先生おすすめ！ 入っておくとよい保険は２つ！

みんなが将来、入っておくとよい保険をお教えしましょう。火災保険と自動車保険です。火事や事故では、個人で負担しきれないような大きな損害が起きることもあるので、加入しておいて損はありません。

火災保険ってどんな保険？

住まいが火事など火災にあったときの損害を補償する保険。火災保険には、家財保険をつけるのがおすすめ。家財保険は家の中のものに対する保険で、ジュースをこぼして壁をよごしたとき、落雷でパソコンがこわれたときなど、小さなことから補償してくれる。

自動車保険ってどんな保険？

車の運転中の事故などで起こったことに対して、補償してくれる保険。この保険はけがをさせた相手だけでなく、相手の車や自分の車、自分のけがも補償してくれる。

社会人になると、保険に入らないかと声をかけられるようになるよ。さそわれるままにならず、必要な保険だけを選ぼう！

コラム もっと知りたい！

毎年お金をつくっていたらお金は増え続けないの？

100円玉や1,000円札といったお金を現金通貨といい、100円玉のような小銭を硬貨、1,000円札のようなお札を紙幣といいます。紙幣の枚数は日本銀行が、貨幣の量は政府が決め、世の中に出回るお金が多すぎたり、少なすぎたりしないように調整しています。硬貨は造幣局で、紙幣は国立印刷局でつくっています。そして、お金を世の中に出しているのは、日本銀行です。

2024年度の紙幣（日本銀行券）の製造枚数

種類	枚数	金額
1万円	18億3,000万枚	18兆3,000億円
5,000円	2億1,000万枚	1兆500億円
1,000円	9億1,000万枚	9,100億円
合計	29億5,000万枚	20兆2,600億円

参考：財務省「令和6年度 日本銀行券製造枚数」

2024年度の貨幣の製造枚数

種類	枚数	金額
1,000円	29万枚	2億9,000万円
500円	3億5,000万枚	1,750億円
100円	1億5,000万枚	150億円
50円	100万枚	5,000万円
10円	1億枚	10億円
5円	100万枚	500万円
1円	100万枚	100万円
合計	6億329万枚	1,913億4,600万円

参考：財務省「貨幣の製造枚数の改定（令和6年4月23日）」

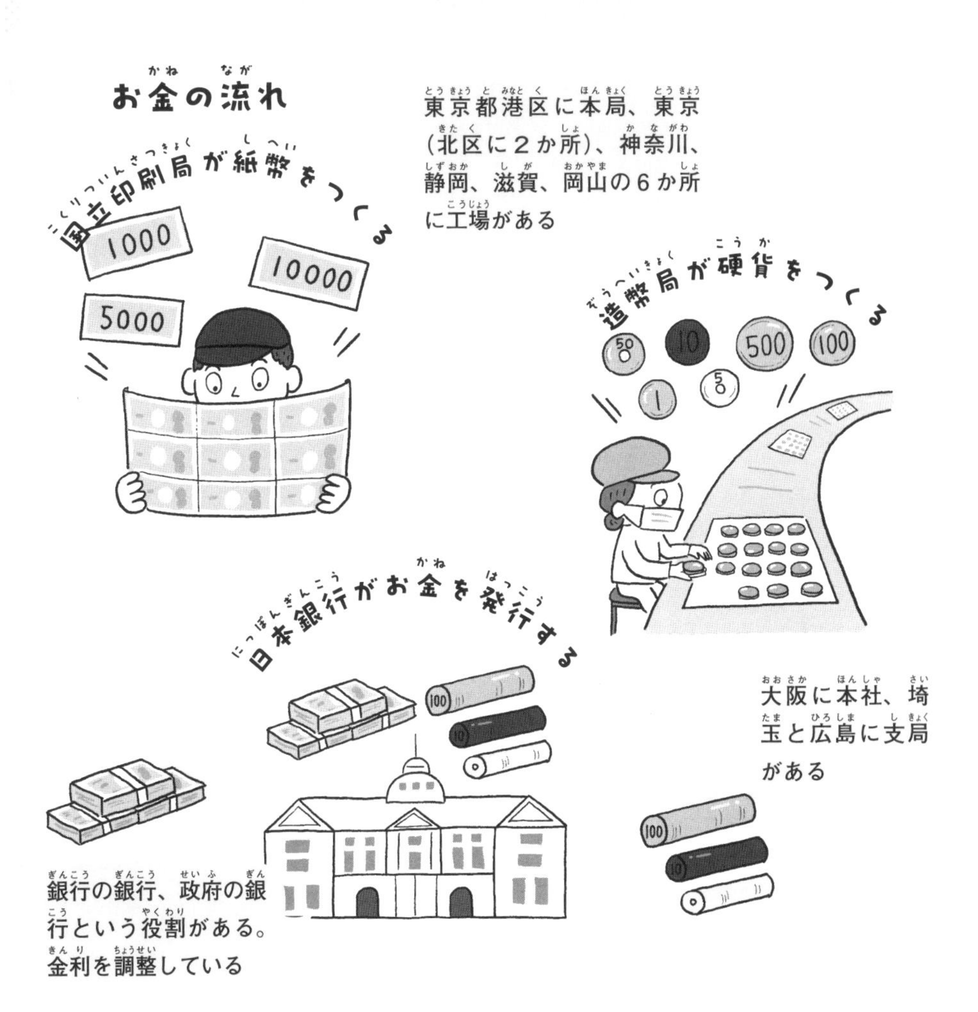
お金の流れ
国立印刷局が紙幣をつくる
1000
10000
5000
東京都港区に本局、東京(北区に2か所)、神奈川、静岡、滋賀、岡山の6か所に工場がある
造幣局が硬貨をつくる
50
10
500
100
1
5
日本銀行がお金を発行する
100
大阪に本社、埼玉と広島に支局がある
100
銀行の銀行、政府の銀行という役割がある。金利を調整している

千円の硬貨ってなに？

1,000円貨には、2025年日本国際博覧会記念貨幣や国立公園制度100周年記念貨幣などがあります。記念貨幣の発行を決めるのは内閣。オリンピックや万国博覧会など、国民みんなでお祝いするようなことがあるとつくられます。

監　修
Japan Asset Management・JAM ACADEMY
総合的な金融サービスを提供する資産運用コンサルティング会社。幅広い金融知識を有するファイナンシャルアドバイザーが多く在籍し、2018 年 2 月創業以来、のべ 2,000 名以上に資産形成の支援をしている。

盛永 裕介
株式会社 Japan Asset Management・JAM ACADEMY 学長
北海道教育大学旭川校を卒業後、2019 年に早稲田大学大学院教育学研究科（教職大学院）に進学。教職修士（専門職）。大学院在学時、私立中高一貫校にて教壇に立つ。現在は、金融教育事業を行っている JAM ACADEMY 学長として年間 2,000 名以上の小中高生に金融教育プログラムを提供している。

吉田 友哉
株式会社 Japan Asset Management・JAM ACADEMY 理事
立命館大学法学部を卒業後、野村證券に入社。東京、名古屋とリテール営業を経験し 1,000 人を超える富裕層の資産コンサルティングを経験。エリア別、全国社内表彰受賞。2019 年より JAM ACADEMY にて小中高生に金融教育プログラムを提供している。

取材協力
株式会社クリスタルロード 代表取締役 加藤路瑛／菅公学生服株式会社

参考サイト
警察庁（https://hakusyo1.moj.go.jp/jp/70/nfm/n70_2_4_5_3_0.html)/厚生労働省（https://www.mhlw.go.jp/toukei/saikin/hw/k-tyosa/k-tyosa22/index.html)/国税庁（https://www.nta.go.jp/publication/statistics/kokuzeicho/minkan2022/pdf/000.pdf)（https://www.nta.go.jp/taxes/kids/hatten/page03.htm)/国土交通省（https://www.mlit.go.jp/sogoseisaku/transport/content/001488012.pdf)/財務省（https://www.mof.go.jp/faq/currency/07ah.htm)（https://www.mof.go.jp/policy/currency/bill/lot/2024ginnkoukennkeikaku.html)（https://www.mof.go.jp/policy/currency/coin/lot/2024kaheikeikaku-kaitei-1.html)/住宅金融支援機構（https://www.jhf.go.jp/about/research/loan_flat35.html#SUB5)/文部科学省（https://www.mext.go.jp/b_menu/toukei/chousa03/gakushuuhi/kekka/k_detail/mext_00001.html)（https://www.mext.go.jp/content/20211224-mxt_sigakujo-000019681_4.pdf)/ 政府統計の総合窓口（e-Stat）(https://www.e-stat.go.jp/)

子どもにもできる資産形成
いますぐ知りたい お金のしくみ

2024 年 6 月 17 日　第 1 版　第 1 刷発行

監　修　盛永裕介　吉田友哉（Japan Asset Management・JAM ACADEMY）
発 行 人　子安喜美子
発 行 所　株式会社マイクロマガジン社
〒104-0041　東京都中央区新富 1-3-7 ヨドコウビル
TEL03-3206-1641　FAX03-3551-1208（販売営業部）
TEL03-3551-9564　FAX03-3551-9565（編集部）
https://micromagazine.co.jp
印刷製本　株式会社光邦
編　集　岡野信彦
制　作　株式会社ナイスク（松尾里央、髙作真紀、岡田かおり、崎山大希、笹井千寿、鈴木陽介）
イラスト　さいとうかおり、真崎なこ
装丁・本文デザイン　22plus-design（安永奈々）
校　正　ディード経営税務事務所（小林秀男）、平間美江

Printed in Japan　ISBN978-4-86716-584-3 C8033